附：盂蘭盆供儀規

仰大眾之恩光　救倒懸之窘急

佛說盂蘭盆經講解

以報現生父母恩　救濟七世父母罪

純果法師◎解說

千百年來盆裏羹，冤深似海恨難平！
欲知世上刀兵劫，但聽屠門夜半聲！

前記

中國自有盂蘭盆會，最先出在梁武帝大同四年，就有此勝會施設，以後此法逐漸普徧，在初時梁武帝依佛法制施行，設齋供佛及僧，求其滅罪增福，可是到了後來弊制發生，將供僧一法，變為施鬼神食，實有違佛原則，世人未讀佛經，固然不能明其詳細，其實施鬼神食，肇始出在阿難的懇求，原非本經的立意。但本經佛令目連，要救其母重罪，須在七月十五自僧安居竟，自恣解夏日，備諸飯食百味供養十方衆僧，自有効力可見，所謂：「仰大衆之恩光，救倒懸之窘急。」這樣便可救濟其母脫離餓鬼道苦。

現在我們若要孝行父母，也應在於此日憶所生父母，為作盂蘭盆供，以報現生父母恩，救濟七世父母罪，可是現在人們對於此盂蘭盆供之法，忽略了重要的意義，反而偏重度鬼神食，這一點上，實有錯誤，理應糾正，這才上順佛意，下承教旨，以免被人嘲爲啞羊而貽笑於遐邇。

現在此間一般僑胞們，年到農曆七月十五日，屠殺無數鷄鵝猪鴨，鮮血腥臊淋漓，拜祭孤魂，創下無邊殺業，以此難怪當今世界戰禍頻仍，天災人禍接踵而至，此種災患，究其根源，皆由殺業而來，所謂弱肉强食，如願雲禪師云：「千百年來盌裏羹，寃深似海恨難平！欲知世上刀兵刼，但聽屠門夜半聲！」現在社會這種殺業，我們站在佛教方面，應該負起佛陀慈悲的教義，把佛陀訓人戒殺的重負，應該多多灌輸到人們的心裡，使人有所悔改修來，共同戒殺，遷惡就善，這點神聖的責任，實在有待我們一般賢達的佛教徒們衷誠合作，有力的去推動它吧！

然而，我們應該針對現實，最好對於此經應該發揚推行，俾使世人了知年間七月十五日，是各方聖衆成道日，是佛歡喜日，每逢這個良辰吉日，一般人應該多造善事，以慈愛心，愛護動物，禁殺放生，作盂蘭盆供，拯救萬靈於塗炭，減少世界之殺業，如夠我們能得「見其生，不忍見其死，聞其聲，不忍食其肉。」以「好生曰德」爲懷抱，各不相殘，那麼這個世界豈不是一個和平的世界嗎？以是吾佛救世救人的聖意，庶幾才能發揚光大。佛子們：我們應該自勉吧！

癸卯年二月十五日純果寫於曼谷本苑

佛說盂蘭盆經講解科目

甲一、序分分二

乙一、證信序

乙二、發起序

乙一、證信序分五

丙一、聞證信

丙二、信證信

丙三、時證信

丙四、主證信

丙五、處證信

乙二、發起序分六

丙一、始得道果

丙二、爲酬母恩

丙六、示出正法超勝
丙七、孝子轉悲爲喜
丙八、慈母頓脫鬼道
丙六、示出正法超勝分二
　丁一、示出獻供之法
　丁二、教導受供之儀
　丁一、示出獻供之法分五
　　戊一、擇定勝時
　　戊二、發孝思心
　　戊三、陳設妙供
　　戊四、盛讚福田
　　戊五、得獲勝益

佛說盂蘭盆經講解

本經講解大意分下。

一·本經因緣

講解此經，分析來說，照古經家所講，在未講經文以前，須要把一經的總義，先來一番提綱挈領，以作懸論，此類釋法，在教下各宗派的立說，各有各的長處釋法不同，如天台則以釋名，辨體，明宗，論用，判教之五重玄義釋經。賢首則以教起因緣，藏乘所攝，教辨權實，分教攝經，教所被機，能詮教體，所詮宗趣，傳譯時年，通釋名題，隨文釋義之十懸門釋經。慈恩則以辨時機，論宗體，藏乘所說，說教年主，判釋本文之五門分別釋經，前諸古德分立門戶，雖以私人見地這樣釋法，固屬於一宗一派局部的偏向，但對整個佛教大體確有顯著推進，這是不能否認，因其各人對各人所趨向的宗系，闡明教體，發揮教義，辨說雖異，在大體上融會起來，終局都是歸到共同點，這在無形中把佛教教義推到極點，而產生了許多不同的派系，這些派系的分立，多是在唐朝，所以佛教在唐朝，可說是爲最繁盛的時期。

我們翻開佛教的史略，在唐朝太宗高宗時代，佛教的人材輩出無數，諸如賢宗杜順和尚，智儼和尚，賢首國師，清涼國師，圭峰禪師。慈恩的玄奘法師，窺基法師。天台的湛然禪師。律宗的道宣律師。禪宗的慧能大師，神秀禪師。淨宗的道綽和尚，善導和尚。密宗的金剛智上師，不空上師。這些古德都是在唐朝佛教中最顯著的人物，他們依其個人智慧的創造力，著說豐富，依個人見地，各弘經論，分門判教，大昌佛教教義，使後人閱讀，條序井然，一目了解，這種恩典，我們實在是很感激他們，現在我講這本經，經意雖然淺顯，在經前懸談，我也遵古法制約略的來提提一下，以辯明本經的立意要點。

佛教所講事事物物，大都由其因緣產生，離開因緣，就不能產生其他事物，所以世上那一種造就，都是由其因緣組合建立起來，大如世界，小如微塵芥子，比列來說，如一豆子，也須經過一段因緣，然後才能產生一粒豆子，豆子是內在因，陽光水土是外助緣，因緣會合，就產生一粒豆子，這樣世間，無論那一物體的造成，都不出因緣，世事既如是，出世之法，何嘗也不如是，現今吾佛出世，正也是為着一大事因緣出現於世，如法華經說：「舍利弗：云何名諸佛世尊唯以一大事因緣故，出現於世？諸佛世尊欲令衆生開佛知見，使得清淨故，出現於世，欲示衆生，佛之知見故，出現於世，欲令衆生悟佛知見故，出現於世，欲令衆生入佛知見道故，出現於世，舍利弗：是為諸佛以一大事因緣故，出現於世。」佛為衆生令入佛知見故的因緣，才說三藏十二部經，現在佛說這本盂蘭盆經，就是在這許多因緣中的一個別的因緣。

佛說這本經的因緣，發端是由目連尊者，這段因緣，在本經已有詳細說明，現在我先摘一段來說，以作此經發起的序說。目連尊者，初得道果，要度他先亡父母，以報父母養恩，尊者以天眼觀察，尋見亡母墮在餓鬼道中，皮骨連立，為饑所苦，目連看了，是很悲傷，便運神力，將飯送至鬼道，給他亡母吃，可是他亡母，一見此飯，慳貪惡習頓現，左手遮鉢，右手摶食，飯未入口，變成炭灰，始終不能吃到一口，這種情形，以骨肉有關的目連看了，更是悲傷，未知亡母造何罪業，連這點飯還沒有福氣享受，目連受了這種創痛，他在慌張之下，情急智生，一直跑到佛所問佛，此即「子急告父，臣急告君。」以是本經的因緣，是由這樣而來的。

深一層說，佛說這本經的因緣，固然是由目連請求，佛才說的，但佛藉了目連的問辭，便發揮他救世救人的悲心，直接是救目連母親，間接是普救未來衆生，因未來衆生，劣性多屬慳貪業重，這種慳毒，淺的尚可圖救，深的將來的遭遇，必定和目連母同一命運，所以佛說這本經，目的是要普救這一類的衆生的。至於本經救濟的方法，在經裡已有詳細說明，現在我先把本經兩點重要意義，先來提說一下，這兩點就是：先明三寶恩，次明法制。

先明三寶恩，三寶是人們最大的恩德，三寶才能徹底救濟人們一切的苦難，是世間最大的福田，我們要明白一切恩中，唯有三寶恩爲最，在本生心地觀經說：「世出世恩，共有四種：一、父母恩，二、衆生恩，三、國王恩，四、三寶恩。」前三種，是世間恩，後一種，是出世間恩，世間恩雖大，但是未若出世間恩之大，我們遺體雖從父母而來，父母雖有教養之恩，但三寶恩是養活我們的法身慧命，它像一盞黑暗的明燈，指示我們迷途的方向，使我們了生脫死，直到彼岸，所以三寶恩比起父母恩，委實是大得不可比擬，它是超過一切的恩惠的。

次明法制，法制，在本經已有明文指示，照中國計算，農曆四月十五日，至七月十五日，這三個月，是僧人結夏安居日，九旬加行，至七月十五日安居竟，就可自恣，所謂自恣，就是僧人在三個月中，加工用行，有人斷惑證真，有人獲四禪定，或有疑犯，任他所舉，對衆懺悔，懺悔已，就可恢復清淨，獲得禪定解脫，成爲人天福田，故此日可說爲人們最勝植福消災日，人們能在這個日子，用飯食百味各種供具，供養那些自恣僧人，藉其福力，在生父母，康樂百年，七世父母，離苦生天，這種勝行，稀有功德，我們是應照佛法制遵行，自可報德，佛說這本經，爲的是要指示我們這種的法門，給了我們一個良好的機會，可爲酧答我們父母的恩德。

二。略述經旨

凡每本經是有固定經旨，現在這本經的經旨，是出目連救母，目連出家，是出孝順，他一得道，就要度他先亡父母，這點，就是目連孝順的表現，所以這本經，就是以孝順爲定經旨。

講到孝順，這是每個人的天職，因父母是每個人生身之本，無論那一個人對於父母，是應履行這種的孝道的，倘若爲人不孝，那麼這個人就以禽獸無異了。

孝順，應分世間與出世間，現在先講世間，次講出世間，在一般淺意識的人，都知道父母是人們最大的恩德，父母生我養我教我，由微弱的身軀，一直教養成人，在這中間，做父母們不知受了幾多磨折，和幾多勞苦功高，這點，父母們是沒有半句怨言，尤其一般母親們流露出那一股母愛的精神，確是世間再無一樣可比做母親們那樣的偉大了，兒子們如夠懂得孝義的話，就應對他父母，如古人說：「君子頃步，而弗敢忘孝也。」相反的，如夠背恩不孝，敢說父母一句壞話，那麽這個兒子，有如佛世阿闍世王囚禁父母之類，不孝之名，貽爲萬世，這是一件非常的可惜的！

我們想想，我們在乳哺時，屙屎放尿，推乾就濕，母親們都不怕一切的骯髒，平時母親們對兒子的關心，諸如兒子有病，母親們担心如火，廢寢忘食，問神卦卜，延醫煎藥，摩頭探額，關心備至，在在處處，都是表現母愛偉大的精神，孔子說：「父母唯其疾之憂。」像這樣父母恩深似海，功高罔極，古人已有這樣的說：「哀哀父母，生我劬勞，欲報之恩，昊天罔極。」

中國古時虞朝，有個大孝子，這人就是大舜，孟子說：「不得乎親，不可以為人，不順乎親，不可以為子，舜盡事親之道而瞽瞍底豫。」這幾句話，就是說大舜的盡孝，以為不得父母歡心，自己就不可做人，不能順遂父母的心，自就不可以做人的兒子，由了這樣，就可知道大舜是個極盡孝養父母的人。

在四書裡，孔子也是一個極有力提倡孝道的聖人，如孔子對他弟子樊遲說：「生，事之以禮，死，葬之以禮，祭之以禮。」孔子又對他弟子子游說：「今之孝者，是謂能養，至於犬馬，皆能有養，不敬，何以別乎？」

子夏問孝於孔夫子，孔子說：「色難，有事，弟子服其勞，有酒食，先生饌，曾是以為孝乎？」

然這，除了孔子的孝論外，孟子也曾說：「仁之實，事親是也。」曾子也著有孝篇論，此外諸如二十四孝，如王祥臥冰，董永賣身，丁蘭刻木，這些都說古人極盡孝道的事，由這而推，中國先賢和儒教所闡的孝道，一向是不遺餘力，確是值得令人欽仰的。

上面儒家所說的孝道，在中國人，大家都是公認的，但在佛教方面看，儒家所闡的孝道，推其本，還不能達到孝的盡點，只是在皮毛說說而已，尚不能稱為至孝極孝，這點，我們可在孔夫子所說，就可發覺出來，如孔子說：「生，事之以禮，死，葬之以禮，祭之以禮。」這點，就是說人們父母活着，奉事父母，須要合於禮法，就是父母死了，埋葬也要合於禮法，祭祀也要合於禮法，這幾件事能夠做到，就算是爲孝了。

孔子又說：「今之孝者，是謂能養，至於犬馬，皆能有養，不敬，何以別乎？」這幾句，孔子所說的重點，就是說人們對父母奉養孝道，應該是有敬心，不單一味奉養，因犬馬能替人們守夜代步，也有人餵養牠們，如果人們奉養父母沒有敬心，這就同於養犬馬一樣，所以孔子特別提出要點，就是人們奉養父母，重點在於有敬心。

孔子又說：「色難，有事，弟子服其勞，有酒食，先生饌，曾是以爲孝乎？」這幾句，就是說做兒子的人，處處是要留心觀察父母的顏色，處處要體貼父母的心，至於愛父母的真實性，這并不單是有事替父母做做服勞，有酒食，先奉父母，這點，並不算是孝的表現，要臻於孝的表現，是要能觀察父母的顏色，體貼父母的心，這才算是孝的真實性。

依據這些看來，就可推測孔子所講的孝，是有限度，這種孝敬，僅屬此一生世而已，至於父母死後，或昇或墜，那就不管，以為做兒子的責任就此完了，最多只是時年八節，買點三牲五菓香燭，以形式上祭祀而已，除此之外，就無其他方法可來安慰冥中父母的靈魂了，所以孔子所講的孝，是短視的眼光，僅屬近事，實在是不能稱爲大孝至孝，這是什麼？我們可把佛教所講的孝，與儒家所講的孝，兩相比較，實有很大的距離，以此也可反映儒家所講的孝，完全僅屬於世間孝，而世間孝，畢竟是不能徹底的。

至於佛家所講的孝，完全與世相反，持論也是敵然相對，世人孝養父母，如孔子說：「有酒食，先生饌。」以酒肉孝親，使父母酒食無缺，在世人看來，尤其在當今世道不古的今日，能得這樣奉孝，使父母無憂於食，這是固屬難能可貴，確是世人孝的象徵，不過世人這種單純用酒肉孝親，大大地就與佛家相違背，酒肉是佛家所戒，肉食相奉，是由殺而來，殺彼奉己，良心何忍，這樣奉敬，雖然出於孝誠，但是細細研究起來，反而害了父母一層殺業，這是佛家決不願爲的事，也是違背吾佛所講的慈悲心，佛家所講，皆講因果，吃牠四兩，還牠半斤，這是古人所說的話，也是佛家所講的因果論，楞嚴經說：「人死爲羊，羊死爲人。」這種說法，是說因果不亡，遞償之報不能避免，佛家的主張，人們要孝養父母，最好用素食相奉，這就可保證父母以免導來一層殺業，可是佛家這種的主張，相信現在一般人絕是不肯响應的。

佛家是講實際的孝養，實際孝養，固屬多方面，淺顯來說，孝養父母，須要勸父母「諸惡莫作，衆善奉行。」奉持五戒，崇敬三寶，如再着實來說，應該勸父母念佛參禪，脫離輪迴六道，擁入聖流，兒子們能得這樣對父母勸導，使父母能得這樣實際了脫生死，以這樣的孝，那麼才算是佛家所講實際現在有一般人，不明佛教的道理，僉認佛教徒是無孝無義，認出家人捨掉親情，拋棄妻兒，不顧父母恩義，逃避上奉下養責任而去出家，這種荼毒，殆有韓愈之流一樣的偏見。韓愈在他一篇原道裏有這樣的說：「子焉而不父其父，臣焉而不君其君，民焉而不事其事。」像韓愈這樣的胡說，認修道人是無父無君，不務事業，像他這種紆曲的見解，真是大錯特錯，我們是應該把他糾正的。

佛世也有個外道，情形也和韓愈一樣，惡意毀佛，謗佛是個不孝不義的佛，這種事情，在報恩經裡就有這樣的說，當時有個外道却問阿難道：

「汝師瞿曇，諸釋種子，自言善好，有大功德，唯有空名，而無實行。汝師瞿曇，實是惡人，適生一七，其母命終，豈非惡人也。適出宮城，父王苦惱，生狂痴心，迷悶躄地，以水灑面，七日方能醒悟，云何今日失我所生，舉聲大哭，悲淚而言，國是汝有，吾唯有汝一子，云何捨我，入於深山！汝師瞿曇，不知恩分，而不顧錄，遂前而去，是故當知，是不孝人，父王爲立宮殿，納娶瞿夷，而不行婦人之禮，令其愁毒，是故當知無恩分人！阿難聞是語已，心生慚愧，乞食已，還詣佛所，頭面禮足，却住一面，合掌白佛言：世尊：佛法之中，頗有孝養父母不耶？佛語阿難：誰教汝今發是問？諸天神耶？人耶？非人耶？汝爲自以智力問於如來耶？阿難言：亦無諸天龍鬼神人及非人來見教也。向者乞食，道逢六師徒黨薩遮尼乾，見毀罵辱，阿難即以上事向如來說。爾時世尊熙怡微笑，從其面門，放五色光…………。」

阿難被了外道這一頓失辱後，阿難才問於佛，佛才說七卷報恩經，經裏大多敘說佛過去捨身報父母恩的事，我們不讀佛經，焉能知佛是一個這樣大孝的佛，佛陀的孝，縱將我們中國二十四孝來比，只是比佛一條毛髮許而已，佛陀他那種難行能行的孝行，在一般平常人絕是不能行的，以下我暫引佛往昔為王子時一段孝行的故事來引證一下，吾佛這段捨身為孝的故事，相信人們聽了，對佛陀偉大孝敬的精神，一定是會肅然起敬的。其故事如下：

無量阿僧祇劫時，有個波羅奈國，其國有佛，號毗婆尸，彼佛像法時有個國王，名叫羅闍，王有三個太子，皆作邊防小國王，王心仁慈，以德為政，時國內風調雨順，五穀豐登，人民安樂。王有一器重大臣，名叫羅睺，誰知其人不忠於國，心生惡逆，起兵叛亂，弒王篡位，復殺太子，至第三太子，仁慈治國，愛民若子，國土豐實，讚王有德，天神敬愛，王有太子，字須闍提，聰明仁慈，好喜布施，須闍提太子，身黃金色，七處平滿，人相具足，年始七歲，其父愛念，心不暫捨。爾時空中守宮殿神，驟對大王說：「大王：現在羅睺惡臣，起兵篡逆，謀奪國位，王之父王已被弑害，又殺二兄王，叛國軍馬，不久來侵國境，現今大王，應速逃命，始免被殺！」

王突聞空中此語，心驚毛竪，不能自支，悶絕躄地，良久乃蘇，微聲向空中問言：「卿是何人？但聞其聲，不見其形，然卿所說，事是實否？」

空中應道：「我是守宮殿神，以王仁慈，正法治國，以是之故，先來告知，大王！幸勿遲疑，趕快逃走，不久，怨家即至！」

王聞此言，已知實情，自當不敢挽延，即入內宮，王之夫人，覩王神狀不安，似有驚恐，趨前問道：「大王：爲何事故，有此驚恐，願見告知！」

王回答道：「吾有所事，非汝所知。」

夫人又說：「我與王身，雖有二形，其體如一，如鳥兩翅，如身兩足，如面兩目，今者大王有事，怎說與我無關？」

王被夫人這樣駁道，以是王將宮神告訴的事情對夫人說：「夫人：現今羅睺大臣，惡逆弒我父王，復殺我二兄長，今者兵馬又來殺我，使我驚懼不已！」

夫人一聞此言，休戚相關，也是爲這着慌，王又對夫人說道：「事已至此，走爲上策，我今速逃命去！」

王逃走地方，已有鄰國兩處，一處須行七日始到，一處須行十四日方到，王即備七日糧，逃走較近一處鄰國，同時又將他心愛須闍提帶走，夫人隨後亦走，在這時，王因心境慌張，迷失路徑，誤走十四日路程鄰國，路上險惡，無有水草，所帶一人糧食，況今三人同食，不到數日，糧食已罄，前路猶遙，是時大王及夫人舉聲大哭，自嘆宿業所載，令受遺殃，受此痛苦，又受飢渴所逼，命在須臾，王與夫人思念是已，又舉聲大哭，王又想道：若不方便，三人共同餓死於此，我今何不殺夫人，以活我身及我太子，殺一救二，以免共死，是時王作此念，便舉刀欲殺夫人，須闍提太子看他父王面帶兇相，欲殺其母，便趨前捉住父王的手，便問父王道：「父王：欲此何爲？」

是時大王悲從心發，淚從眼出，大聲號哭，就對其子說道：「我今欲殺你母，取其血肉，以活我身，續你身命，若不殺你母，你我之命一同餓死了！」

太子已知父意，欲殺其母，以活己身，就對父王央求道：「父王！此計差矣，自古何有其子忍食母肉，此是違於天命，今者父王，何不殺子，以濟父母身命。」

大王乜聞太子這樣說，更是悲痛不已，又是失聲大哭起來，就對太子說道：「子如我目，何處有人自挑雙目，而自食之，我寧可死，終不食子肉！」

須闍提太子看他父王不甘殺他，便對父王諫道：「今有一願，要求父王，若殺子身，且勿殺死，爲什麼？若是殺死，經數日後，肉便臭爛，不堪入口，可日割三斤，二斤肉奉父母，一斤肉自食，以養殘命。」

事到至此，大王沒法，只得硬着心腸，便殺其子，照太子之言，日割三斤，不到幾天，太子血肉乾枯，只剩幾塊骨節，距離鄰國，路程尚遠，這時太子雖未斷命，身子已感不支，驟倒於地，父母看了，抱太子身，放聲大哭，對太子說：「我等無狀，殘食子肉，害子身死，前路猶遠，你肉已盡，想不到我等共死於此！」王說已，舉聲又哭。

太子全身血肉雖枯，但新殘未久，還能語言，一聽父母這樣淚泣之聲，內心更感痛苦，望了父母一眼，就諫其父道：「望父王保重，現今至此，前程只存一日，便可到達，今有一言奉告，可將子骨節間，刮淨殘肉，用濟父母，幸勿見拒。」

這時大王心酸意軟，自知此舉，實在殘忍，老虎雖惡，不傷其子，況我是個堂堂國王？但到此時，悔之也是無濟於事，只好照太子諫言行事，刮得殘肉三份，一份與兒，二份自食，食已，便別太子而去，太子瞻戀父母良久，便撲於地，遍體血肉被諸蟲蟻吸食，痛苦不可復言。

在這時，太子身肉雖感痛楚，心境猶覺清涼，發立誓願，令我此身供養父母，願我父母，天人愛護，住臥安康，消除禍患，舉事吉祥。又願此身血肉，施與蟲蟻。願我來世，得成佛道，又以法食施與飢渴眾生，太子發是願已，天地震動，忉利諸天，亦皆大動，帝釋天王，也被感動，化作師子，張目咆哮，飛騰而來，欲噉太子，太子見大師子欲噉，便言：「汝欲噉我，隨意取食，何爲見怖？」

爾時帝釋天王說道：「我非師子，是天帝釋，欲來試卿。」

太子知是天王來試，歡喜無量，天王又問太子道：「你是難捨能捨，身體血肉供養父母，如是功德，爲願生天作王嗎？」

太子答道。「我不願生天作王，只求無上菩提，當度一切衆生。」

天王道：「你眞大愚，欲成佛道，久受勤苦，方能成佛，然你能受是苦？」

太子答道：「假使熱鐵輪在我頂上旋，終不以此苦退無上道。」

天王笑道：「你惟空言，誰當信你。」

太子復發誓言：「若我欺誑大王，令我身瘡，始終莫合，若不爾者，令我身體平復如舊。」

太子發是願已，身體恢復如本，形容端正倍常，天王起立，禮太子足，復向太子讚道：「善哉，善哉，吾不及你，你勇猛精進，當來成佛，願先度我！」

是時天王讚已，從空而沒。

王與夫人得到鄰國，隣國王遠出奉迎，以國賓款待，王將須闍提太子割肉孝養的事，一一告訴彼王，隣國王感太子如是捨身割肉孝養父母，為彼仁孝所感動，舉兵協助討伐羅睺叛臣，途至太子別處，尋取太子枯骸還歸本國，正悲淚尋覓間，遙見太子，身體平復，端正倍常，至前抱持太子，大喜大哭，在悲喜交集間，便問太子道：「王子：你還活在人世呵？」

太子把將上事告訴父母，父母歡喜無量，由以太子仁孝福德之力，毫不吃力把叛臣殲滅，故國山河重光，恢復統治，即立須闍提太子為王。佛對阿難說：爾時父王者，即我父淨飯王是，爾時母者，即我母摩耶夫人是，爾時須闍提太子者，即我釋迦牟尼是，爾時天王者，即憍陳如是。」

佛說這段故事，為的是要使人們知道佛陀的出家，非是不顧父母恩義，不念妻妾恩情，非但現在佛陀就注重孝行，歷劫以來曾就常常勤以孝行，據這樣看來，外道他那種胡言亂說，當屬於一種惡作劇了，如現在佛陀的孝行，在淨飯王泥洹經裡，也就有這樣的說：

「爾時淨飯王，命盡氣絕時，諸釋子以衆香水，洗浴王身，纏細白氎，而以棺斂，爾時世尊念當來世，人民凶暴，不報父母養育之恩，為不孝之者，為是當來衆生之等，設禮法故，如來躬身自欲擔於父王之棺，時四王天，俱來赴喪，長跪白佛，願聽我等抬父王棺，佛即許之，四天王各變人形像，以手擎棺，抬於肩上，舉國人民莫不啼哭，如來躬身手執香爐，在棺前行，出詣葬所，佛與衆人，共積香薪，舉棺置上，故火焚之，一切大衆，益更悲哭，於是世尊告大衆曰：世皆無常，苦空無我，無有堅固，如幻如化，如熱如焰，如水中月，命不久居。汝等諸人，當勤精進，而自勤勉，永離生死，乃得大安，舉火焚燒大王身已。」

此外又有關佛說報恩的經典，我再略引幾部經來說，如一本恩重難報經，完全是叫一般兒子們，特別對母親十月懷胎的恩惠，是應當報答的，如經所說：

「佛告阿難：我觀衆生，雖紹人品，心行愚蒙，不思爹娘，有大恩德，不生恭敬，忘恩背義，無有仁慈，不孝不順，阿娘懷子，十月之中，起坐不安，如擎重擔，飲食不下，如長病人，月滿生時，受諸痛苦，須臾產出，恐已無常，如殺猪羊，血流徧地，受如是苦。生得兒身，咽苦吐甘，抱持養育，洗濯不淨，不憚劬勞，忍寒忍熱，不辭辛苦，乾處兒臥，濕處母眠，三年之中，飲母白血，嬰孩童子，乃至成年，教導禮義，婚嫁營謀，備求資業，攜荷艱辛，懃苦百倍，不言恩惠，男女有病，父母驚憂，憂極生病，視同常事，子若病除，母病方愈，如斯養育，願早成人。」

又云：「欲得報恩，爲於父母，書寫此經，爲於父母，讀誦此經，爲於父母，懺悔罪愆，爲於父母，供養三寶，爲於父母，受持齋戒，爲於父母，佈施修福，若能如是，則得名爲孝順之子，不作此行是地獄人。」

大乘本生心地觀經說：「父母恩者，父有慈恩，母有悲恩，母悲恩者，若我住世於一刧中說不能盡，我今爲汝宣說少分，假使有人爲福德故，恭敬供養一百淨行大婆羅門，一百五通諸大神仙，一百善友，安置七寶上妙堂內，以百千種上妙珍膳，垂諸瓔珞，衆寶衣服，旃檀沉香，立諸房舍，百寶莊嚴，床臥數具，療治衆病，百種湯藥，一心供養滿百千劫，不如一念住孝順心，以微少物色養悲母，隨所供侍，比前功德，百千萬分不可校量。」

又云：「蓋父母長養之恩，廣大無比，若有男女，背恩不順，死卽墮於地獄餓鬼畜生，若有男女，孝養父母，承順無違，常爲諸天護念，福樂無盡，縱能一日三時割自身肉，以養父母，尚未能報一日之恩。」

佛說善生經說：「如是子觀父母，子當以五事奉敬供養父母，云何爲五？一者增益財物，二者備辦衆事，三者所欲則奉，四者自恣不違，五者所有私物，盡以奉上。居士子：若人慈孝父母者，必有增益，則無衰耗。」

觀佛相海經說：「有恩不報，是阿鼻因，諸恩尚然，況於父母，父母之恩，無可校量。」

梵網經說：「孝順父母師僧三寶，孝順至道之法，孝名為戒。」

雜寶藏經說：「有二邪行，如似拍毱，速墮地獄，云何為二？一者不供養父母，二者於父母所，作諸不善。」

「世間有人，慳貪嫉妬，不信三寶，不能供養父母師長，將來之世，墮餓鬼中。」

「其有不孝父母，不敬師長，當加大罪。」

「違父母之願，不名孝子。」

出曜經說：「設我違父遺意者，則非孝子。」

地藏經說：「願我之母，永脫地獄。」

大方便佛報恩經說：「菩薩如是為一切眾生故，難行苦行孝養父母，身體血肉供養父母，其事如是。」

上面所引經典，就可知道佛教也是着重發揚孝道的，因為佛是大徹大悟智慧的佛，了達宇宙事理的究竟者，在其做人的事理更是明白，孝道，是關每個人一件最重要的事，在佛一生說法中，不遺餘力的提倡知恩報恩，而且是實踐大孝的聖者，並非徒托空言，經典所闡，就是一個鐵一般的明證。

至於佛教的報恩，此非僅報現生父母的恩，是報生生世世父母的恩，報恩最大的目的，是要把父母度出三界，這是佛教所講報恩最大的目標，所以佛教所闡的孝道，可謂世上極盡的孝，這並非孔孟所講狹義的孝，乃是出世間最大的至孝極孝。

現在這本盂蘭盆經所定的經旨，它的出發點，是目連孝心救母，那麼這本經就可斷定以孝順報恩為其經旨了。

三・藏乘所攝

佛說一代時教，雖然浩瀚如海，賢宗把「藏乘」兩字就可包攝無餘。藏，是包含義，總有三藏，即經律論三藏，經律是出於佛，經為佛說，律為佛制，唯獨論藏，是佛弟子依據經律教理，互相討論，以成其論。

經藏，佛說的經，始從華嚴，終至法華涅槃，天台賢首以五時判攝，分成大小兩乘，除阿含方等經攝為小乘外，餘則都屬大乘攝。大乘教理，以利他為原則，行六度，修萬行，顯示人人皆可修證成佛。小乘教理，以利己為原則，明安心，辨因果，以期個人解脫。吾佛所說經典，雖是大小不同，權實名異，此皆是吾佛權巧方便對機而設。至于經義大多詮於定學。

律藏，律，也有大小分別，總以制止爲義，如世法律，以律治安，佛家之律，以律治心，佛初成道，在菩提樹下與諸菩薩結波羅提木叉，制菩薩戒，此是大乘律，過了十二年後，佛爲諸有事僧，對六羣比丘比丘尼制戒，此是小乘律。此藏所詮，全是戒學。

論藏，論，是辯論討論，是佛諸弟子根據經律辯論而來的，也分大小兩種，大乘論，如智度論，起信論，所辯全是大乘修證法理，直指明心見性，人人皆可成佛。小乘論，如阿毗曇等論，所辯唯是決擇一切義理。

現在本經，在三藏中，是屬經藏，因所顯是不了義，故屬小乘藏攝，其義兼通律藏，因佛制諸比丘，每夏應安居自恣，履行此法，此法是有定律的。

其次講到乘字，乘的含意，乃是運載義，如車乘可載東西，從此地運到彼地，佛的法乘亦然，就是運載凡夫由此生死岸到涅槃岸。乘，有三乘五乘，大小不同，如大車可載重，小車可載輕，以顯三乘五乘人，力量有大有小，法華經三車譬喻，即顯此意，總之三乘五乘大小雖殊，我們能從小至大，落力修持，一律都可達到彼岸的。

三乘，就是聲聞緣覺菩薩，五乘，由三乘加上人乘天乘，故稱五乘，現在分爲三乘五乘，這些都是佛權巧方便而說，如法華經說：「舍利弗：劫濁亂時，衆生垢重，慳貪嫉妬，成就諸不善根故，諸佛以方便力，於一佛乘，分別說三。」佛法本來是平等的，無有高下之分，可是衆生根性有利有鈍，故佛說法有大有小，所以三乘五乘名字．皆由這樣分別而來，如果人們要珍重人身，使他生生世世不遭墮落，佛就教他們不殺，不盜，不邪淫，不妄語，不飲酒，堅持五戒，就可保持人身不失，這是做人的原則，故名人乘。如果人們想要生天，享受天樂，佛就教他們修十善業，不殺，不盜，不邪淫，不妄語，不惡口，不兩舌，不綺語，不慳貪，不瞋恚，不邪見，修這十善業，就可生天，這是天乘。如果人們討厭三界，喜修聲聞乘，求其出離解脫，佛便教他們修四諦法，使他們知苦斷集，慕滅修道，以四諦法修，便可越出三界，證涅槃道，這是聲聞乘。如果喜修緣覺乘，佛便教他們修十二因緣觀，觀緣性空，一切法皆從因緣生，也從因緣滅，以逆順觀境，頓悟諸法無常，而證果位，這是緣覺乘。如果發大道心喜修菩薩乘，佛便教他們修六度萬行，自利利他，以達佛境，這是菩薩乘。

在五乘中，唯菩薩乘爲最，人天兩乘，所修所得僅是人天福報，在六道中只算是三善道，尚有輪迴之報。聲聞緣覺二乘，雖出三界，免輪迴苦，但所修證，均是不究竟義，心量狹窄，得小爲足，故佛責爲「焦芽敗種」之類。唯菩薩乘，才能傳佛種子，紹繼佛位，發大道心，勤修佛道，利己利人，以是菩薩，常獲諸佛讚歎。在於證理方面，當然於一佛乘為最勝，法華經說：「唯有一乘法，無二亦無三，除佛方便說，但以假名字。」約機方面，又要方便說三乘法，現在佛說本經，所闡唯是人天福果，故本經在五乘中，屬於人天乘攝。

四・解釋經題

佛說盂蘭盆經

佛說盂蘭盆經，乃本經總名，古德所釋經題，有通有別，經之一字為通題，通於諸經，如楞嚴經，法華經等，均稱是經，故云通題。佛說盂蘭盆五字為別題，惟限此經名稱，故云別題，別於諸經故。現在先釋別題，次釋通題，在別題中，先釋佛說，次釋盂蘭盆。

佛說二字，先釋佛，次釋說。

佛是梵語，具云佛陀，譯爲華語，就是覺，而佛的覺，是究竟覺，因佛俱不凡的大智慧，了知宇宙萬法，皆是空化，悉是無常，不被物欲所惑，不爲塵勞所縛，蕩蕩然跳出三界，了斷衆生生死情縛，如夢中醒，故名爲覺。覺有三義：就是自覺，覺他，覺行圓滿，俱此三覺，方稱爲佛。

佛之自覺，是對衆生不覺而說，衆生因被物欲所惑，不達諸法本體，本非實有，起諸邪見，貪戀情欲，向外追求，以是把清淨六根攪着一蹋糊塗，又把一個光灼灼的真如自性障蔽起來，造成背覺合塵，成爲生死的殃患，以是衆生就稱爲不覺。佛的自覺，是覺悟衆生所不能覺，故自覺，揀非凡夫的不覺。

覺他，佛自覺後，把所覺的覺智，不敢保爲私有，公開示衆，使衆生明瞭各人也有這個覺性，所以佛在菩提樹下覺道後，乘性而談，塵說刹說，這種無非是要使衆生明瞭這個覺性，故佛的覺他，揀非二乘的自利。

覺行圓滿，就是佛所得自覺智和所修的功行，已經圓滿無缺，故稱爲覺行圓滿。覺行圓滿，分為兩種說法，一是覺智圓滿，二是覺行圓滿，覺智圓滿，佛以金剛智破最後一分生相無明，破五住，滅二死，證三身，得四智，以得圓滿智慧。覺行圓滿，佛經三大阿僧祇劫，歷修六度萬行，廣化衆生，至此功圓行滿，故云覺行圓滿，佛的覺行圓滿，揀非菩薩之分修分證，所謂三覺圓，萬德備，故稱爲佛。

佛是通號，乃十號之一；十方諸佛均稱爲佛，現在此佛，即指釋迦牟尼，釋迦是姓，譯爲能仁，牟尼是名，譯爲寂滅，現在此經，乃是釋迦牟尼佛親口所說。

次釋說字，說者，悅所懷故，因佛所說法，是隨衆生機宜而說，是悅衆生耳，故衆生喜聽何法，佛即隨應而說之，使衆生聽了，得到無量法喜。根據大智度論所說，共有五種人能說經：

一佛說，如來出世，爲度衆生，廣說種種諸經，但如來所說者，名爲佛說。

二弟子說，即聲聞緣覺菩薩等，佛在世時，各弟子承佛威力，各運神變，各處輔助佛化，故弟子亦能說經。

三仙人說，在佛會中諸大仙人，由佛聞法，發大誓願，替佛宏宣，饒益有情，是名仙人說。

四天人說，天人，即釋提桓因，及大梵天王等，如帝釋天王常在善法堂對諸天人演說般若，苦空無常等法，故天人亦能說經。

五化人說，即三乘聖人所變化，如羅睺羅化金輪王，化度城東老母，先說福報因緣，後說大乘妙法，故化人亦能說經。

現在此經，是佛對目連說，故曰佛說，佛是能說，經是所說。

次釋盂蘭盆，盂蘭盆，是華梵合併之音，盂蘭，是印度梵語，華方譯爲倒懸，盆是華語，是用器，倒懸，照字義說，即是倒吊意思，如蕩雞鴨倒旋而吊之類。一說窘急義，如現在目連母障蔽心源，墮在餓鬼道，受饑渴苦，欲食不得，此種痛苦，猶似倒懸一般。至于救濟方法，此非一人之力，須藉衆人之力，故疏云：「佛令盆羅百味，式貢三尊，仰大衆之恩光，救倒懸之窘急。」此經就以此意義，立爲經題。

次釋通題

經，梵語修多羅，華語譯爲契經，意謂上契諸佛之理，下契衆生之機，契理契機，是名契經。又經者，常也，聖人所立言教，永遠不可更改，是可尊敬故。又含有貫攝義，能貫通攝持一切義理，使人讀之能產生無量深義，又能了知世間善惡因果，所以經的路線，是指示人去惡從善，導往菩提善果。

五・略說譯人

西晉三藏法師竺法護譯

佛降生在印度，（即現今尼泊爾國），當時佛所說的法，是以印度梵音而說，而佛涅槃，阿難尊者結集，也以印度梵文彙集，故佛經流傳到中國，是要經過歷代高僧一番的翻譯，由梵文譯成中國文的，現在此經的翻譯，共有三譯：

一，西晉竺法護譯，經名佛說盂蘭盆經，即現在所講此經。

二，同一朝代惠帝在位時，法炬法師譯，經名灌臘經，乃取經中飯果百味之義。

三，又一譯，經名報恩經，乃取目連報恩度母之意，但譯經人名失考。

西晉，是譯經年代，此經傳入中國，是在西晉武帝時代譯的，那時中國佛法適在初期繁盛，此經傳譯，在中國譯經歷史上可算爲最早期時。

三藏法師，三藏，是讚歎這位法師學識淵博，精通經律論三藏。法師，是尊稱，以法爲師，爲人師範，故云法師。

竺法護，乃法師別名，根據歷史記載，梵文竺曇摩羅刹，竺是姓，曇摩羅刹，譯爲法護，是名，法師是月氏國人，世居燉煌郡，年八歲出家，事外國沙門竺高座爲師，日誦經萬言，過目則能體會，天性純良，操行精苦，篤志好學，萬里尋師，是以博覽六經，遊心七籍，世上毀譽，未嘗介抱，是時晉武之世，寺廟圖像，雖崇京邑，而方等深經蘊在葱外，師乃慨然發憤，志弘大道，隨師至西域，遊歷諸國，外國異言，三十六書，師皆遍學，貫綜詁訓，音義字體，無不備識，遂大賫梵經，還歸中夏，自燉煌至長安，沿路傳譯，經師所譯，有正法華等經，共一百六十五部，廣爲流傳。晉武之末，隱居深山，山有清澗，恆取澡漱，後有採薪者，穢其水側，俄頃而燥，師乃徘徊嘆曰：人之無德，遂使清水輟流，水若永竭，真無以自給，言訖，正移走間，而泉涌滿澗，其幽誠所感如此。後立寺於長安青門外，精勤行道，於是德化遐布，聲蓋四方，僧徒數千，咸所宗事。及晉惠帝西奔，關中擾亂，百姓流移，師與門徒避地東下至澠池，遘疾而卒，享壽七十有八。

照歷史看，法師畢生譯經，孜孜不倦，已予晉朝佛教奠下不可動搖的基礎，其功亦偉。這本經，在文字量上，雖然不多，是出法師所譯，以此，足證此經非是僞造，是有歷史可考，藉資後人生信的。

六・正釋經文

聞如是，一時佛在舍衛國，祇樹給孤獨園。

經文大分三段：甲一，序分，甲二，正宗分，甲三，流通分。此三分，始出唐道安法師之手，法師判一切經，皆作序，正，流通三分，序，是序述一經發起因緣，正宗，陳述一經所說要旨，流通，即將此經流通後代。法師初判此三分，當時人多不信，後親光菩薩論傳入中國，論中闡明每部佛經應有此三分，以是後人才生信仰，所謂「彌天高判，今古同遵。」以後諸古德釋經，多用此三分爲判釋。

甲一，序分分二：乙一，證信序，乙二，發起序。

乙一，證信序，是證明佛的經典是由阿難從佛所聞，非是阿難臆說，乃是大衆同聞，故阿難結集時，一切經首皆安「如是我聞」等句，標此爲證，令人起信。亦云通序，通於諸經，亦云經後序，佛說法時，尚未有此文故。

乙二，發起序，是詳明每部佛經發起因緣，若如此經以目連度母爲發起因，亦云別序，諸經各別故，如楞嚴經阿難示墮婬室，以此爲發起說經之因，如法華經佛放光東照，彌勒騰疑，舍利弗三請，佛方說之，諸經所發起因緣，各有不同，故名發起序，亦云經前序，佛未說法之前，先現一種瑞相。在證信序中，大分五種證信，證明此法可信，故云證信。亦名六種成就，但五種證信，與六種成就，名詞雖別，義則相同。

此經證信，照經文所分，只有五種：丙一，聞證信，丙二，信證信，丙三，時證信，丙四，主證信，丙五，處證信。經文缺衆證信，理必俱之，如下文云：「四輩弟子，歡喜奉行。」此是譯經人省略，此經將聞證信爲首，異於餘經，亦出譯經人譯法不同，如云我聞如是，如是我聞，文句雖異，義理則同。此經又無我字、此乃譯人彰顯聖人皆證無我，餘經有者，此皆假指，猶不同凡情所計之我，乃是大我中無我之我。

佛經所用如是我聞，有四種含義：

一，佛入涅槃，當時阿那律教阿難問佛四件事：

1 問佛滅度後，惡性比丘，云何共住？佛答云：以默擯之法而住。

2 問佛在世，我等以佛爲師，佛滅度後，我等以誰爲師？佛答云：以尸波羅戒爲師。

3 問佛滅度後，我等依何法住？佛答云：當依四念處住。

4 問佛滅度後，所集經典，經初當安何語？佛答云：如來滅後，結集法藏，經初當安「如是我聞」等句。

二，是除衆疑，佛涅槃後，迦葉尊者爲要把佛說的法流傳於後世，召集佛諸弟子，結集法藏，阿難高登法座，承其宿福，頓感相好如佛，當衆起了三疑：一疑釋迦再來，二疑阿難成佛，三疑他方佛至，至阿難唱如是我聞，三疑頓息。

三，止謗故，阿難位居羅漢，結集時，既云如是我聞，則表法有所宗，顯非阿難臆說，以是能止他人之謗。

四，揀異教故，外道一切經典，經首皆安「阿憂」二字，阿者云無，憂者云有，以表一切法不出「有無」兩者，佛經安「如是我聞」，是表示與印度九十五種外道教不同故。

丙一 聞證信

聞

聞，是由耳根發識而聞，所謂如是之法，我從佛聞，即是阿難結集之語，阿難是佛侍者，佛所說法，阿難一一面提耳聞，阿難未出家前，凡未聽佛所說的法，佛則對阿難重說，阿難是多聞第一，凡有所聞，皆能憶提不失，此謂「佛法如大海，流入阿難心。」此是表示阿難的記憶力極强之故。

丙二 信證信

如是

此是指法之辭，如信此法，則謂如是，不信此法，則謂不如是，佛說之法，乃是金口親宣，句句都是誠實真語，決無謊誕，那麼我們是應該相信，信，是學佛的基本，佛法如大海，信爲能入，俱足信心，學佛才有保障，如若信心不俱，便謂不信，故如是，乃是信順之辭。

丙　三時證信

一時

佛說經，自然是有年月日的，但阿難結集，不言年月日，統稱一時，這種原因，是有關佛當時所說的法，沒有一定地址，有在天上，有在龍宮，有在人間，若以這些時間，以人間時日計算，甚難標準，如四天王天，人間五十年爲一日，忉利天，人間百年爲一日，夜摩天，人間二百年爲一日，兜率天，人間四百年爲一日，化樂天，人間八百年爲一日，他化自在天，人間千六百年爲一日，這樣比列，天與天時日，尚且如此相距之遙，照這樣說，也就很難計算。如從前無著，世親，師子覺三位菩薩，同修唯識觀，發願同生兜率內院，相約誰先去者，回來報訊，後師子覺菩薩圓寂，一去三年，不見回訊，三年後，世親菩薩圓寂，他臨終時，無著菩薩吩咐道：「你見了彌勒菩薩之後，須來回我一音。」世親死後，過了三年才來，無著責他背信道：「你一去，這麼久才來？」世親答道：「我到兜率內院，聽了彌勒菩薩一席法，禮三拜，繞了一帀，馬上就回來，誰知這樣短短時間，人間就已三年了。」現在人間東西半球又有日夜不同，如美洲是白天，亞洲是黑夜，如經說：「東勝神洲日將出，西牛賀洲日將沒，南贍部洲日當升，北俱盧洲打三更。」故阿難結集，不舉年月日，只云一時，就是這種道理。又一說，乃是機教相契，師資道合，聽說究竟，名爲一時。

丙四 主證信

佛

主證信，主，是一經最主要的角色，若無主，就不能產生其他的配角。佛是人天最有權威的萬能，佛一出世，口自唱言：「天上天下，唯我獨尊。」又有一首讚佛偈：「天上天下無如佛，十方世界亦無比。世間所有我盡見，一切無有如佛者。」所以佛俱一切智，了達宇宙萬法，佛悟道後，身俱六通，足跡徧滿天上龍宮，天體地形，知之甚詳，若以現在一般科學家，以精心研究世上各種科學，這種技術上的智慧，若以佛的智慧來比較，真是滄海一滴，所以佛的智慧，才可稱為世中最萬能的智慧，現在這佛，並不是別佛，就是現今本經主講的釋迦牟尼佛。

丙　五處證信

在舍衛國，祇樹給孤獨園。

當時佛說這本經，是在舍衛國給孤獨園，今舉出國名及地方，此是表顯此經確有地址根據，此處是佛常說法的地方，因爲舍衛國的人民，性情純厚忠良，喜歡聽聞佛法，佛在這裏成立一間大講堂，常常講經說法，現在我們常時所誦的金剛經彌陀經，就是在這裏說的，所以這個地方在佛教中是有相當的歷史性的。

舍衛，是印度梵語，譯爲豐德，謂國豐四德，四德就是：

一、解脫德，其國人民，喜歡修行，多得解脫。

二、多聞德，其國人民，喜歡聽佛聞法。

三、財寶德，其國豐饒，多出珍寶，勝於餘國。

四、五欲德，國家富裕，豐衣足食，人多五欲。

問：既是五欲，本不能稱德，何以已今稱爲德呢？答：此是愛其人民本性淳良，素以好德，五欲雖屬逸，亦可稱爲德。

祇，即祇陀，乃波斯匿王的王子，祇陀，譯爲戰勝，太子生時，適逢國王與外國戰勝，因之爲名。樹，即園中所植之樹，乃太子所有。給孤獨園，以長者名爲園名，給孤獨，原名須達，是波斯匿王大臣，家資巨富，性好布施，歡喜扶孤助貧，因此國人美其名爲給孤獨，孤者，少而無父，獨者，老而無子，長者對那些貧苦孤獨的人，時常資助救濟，因此國人稱爲給孤獨長者，這是佛世一位大慈善家。園本屬祇陀太子所有，因被須達長者所買，故園屬給孤獨長者所施，樹屬祇陀太子所施，故云祇樹給孤獨園。

然買園施樹，據涅槃經說，當時有一段因緣，如彼經云：「須達長者，爲兒娉婦，詣王舍城，因見佛發心，請入舍衛說法，佛令舍利弗隨歸，先揀住處，擇得祇陀太子之園，長者問買，太子戲云：側布黃金滿，即賣之，長者便欲交付，太子云：是戲言，共請斷事人斷之，被斷令依先語，長者載金側布，唯餘一隅，太子見其不惜財寶，知佛殊勝，遂施所餘之地，置立門屋，施園中樹，以為林蔭，二人共成精舍，請佛居之。」

乙二發起序，本經的發起是由目連以孝順救母為發起因，文分六段：丙一始得道果，丙二為酧母恩，丙三尋覯處所，丙四得見母苦，丙五為母悲救，丙六惡習未忘。

丙一始得道果

大目犍連，始得六通。

梵語大目犍連，華語譯為胡豆，印度上古有種仙人，在山修道，好食胡豆，故以立姓，目犍連，乃是王舍城輔相之子。在他未出家以前，他與舍利弗同謁沙然梵志為師，自其師終没後，受師遺托，領二百五十新學門徒，同修淨行，佛有意要度他們兩人，便叫頞陛比丘往度，舍利弗見頞陛比丘，威儀嚴肅，庠序溫雅，心生羨慕，從其頞陛比丘口中所說：「一切諸法本，因緣實無主，息心達本源，故號為沙門。」聽後便有所悟，頓得法眼，踴躍歡喜，還歸精舍，目連看舍利弗那種喜悅神態，知有妙聞，求問舍利弗，舍利弗將聽來法語告訴，目連聽了，也得法眼，知佛有大智慧，於是二人領二百五十新學門徒，一同歸佛出家，承其宿世善根，出家不久，便得羅漢。

始得六通，就是尊者得道以後，初得六通，通，是天然智慧，照徹無碍，人未得道以前，以識覆障本源，所至之處，皆是壅塞障碍，如蠶自繭，故名不通；現在目連以成道果，還歸本然，六根清淨，故處處皆得通達無阻，故名爲通。六通：

一，通天眼，凡夫肉眼，神識混濁，只能見近，不能見遠，有一紙隔，便不能見！天眼通則不然，以清淨本然之體，發出見性，故能觀色無碍，能觀六道衆生，前世因，後世果，何處生，何處死，若苦若樂，歷歷分明，若近若遠，皆無障碍。

二，天耳通，是聞聲無碍，能聽六道衆生，悲喜苦樂等聲，若遠若近，如在耳邊，聽得歷歷清晰。

三，他心通，是知他人心事無碍，凡六道衆生，心中有何念頭，不用說出，便能知之。

四，宿命通，是知過去世一切事無碍，不但能知自己一世二世至百千萬世以前的事，而且能知他人八萬四千劫內的事。

五，如意通，亦名神足通，身如其意，隨念即至，身能飛行，山海無碍，能變大變小，一能變多，多能變一，移近就遠，移遠就近，此界没，彼界出，彼界没，此界出，變化無窮。

六，漏盡通，漏，即三界見思二惑，如鉢破漏，不可復用，凡夫被諸煩惱覆障，永不出纏，亦如破器一般，故云漏，羅漢已斷見思二惑，不受三界生死，故名漏盡。唯此一通，僅限四聖獨有，餘則無此一通。現在目連得斯六通，已是了斷見思二惑，跳出三界生死，從此永不受三界後有之身，故云始得六通。

丙二為酬母恩

欲度父母，報乳哺之恩。

目連生性孝篤，一得道，就思報恩，以此足證出家人，非是單味捨棄親情父母出家，就是不孝不義，相反的，目連的出家，是爲孝順父母而去出家，故他一得果道，時不容刻就報父母乳哺之恩，故孔夫子說：「夫孝，天之經也，地之義也，民之行也。」古人又云：「萬惡淫爲首，百善孝爲先。」現在本經所說，重在報恩，以是處處皆於報恩爲作前題。

文中兩句，首句，正顯目連爲孝度親，次句，正顯目連度親，偏重度母，此經所說，對於度父，全無提及，目連既得道果，而得六通，對他去世父母，生於何道，昇沉苦樂，以他道眼觀察，瞭若指掌，目連或觀他父親，生於善道，暫可容緩度拔，蓋此時，目連觀他母親墮於鬼道，受饑渴苦，故應急度，所以此經所說，偏重度母。

至於報恩，若分析來說，報有分全，恩有輕重，過去多生父母恩爲輕，今生父母恩爲重，報一生父母恩爲分，報多生父母恩爲全，世人報恩，大多只報一生，設同孟宗董永之孝，祇說分報而已，今經所說，欲度多生父母恩，這才是全報。

關於報恩，是每個良知自愛的孝子賢孫們，是不能逃避這種責任心的，在佛經說：「假使有人，左肩擔父，右肩擔母，研皮至骨，穿骨至髓，遶須彌山，經百千劫，血流沒踝，猶不能報父母深恩。」又云：「假使有人，遭饑饉劫，為於爹娘，盡其己身，臠割碎壞，猶如微塵，經百千劫，猶不能報父母深恩。」佛是提倡大孝的聖者，從曠劫以來，常行仁孝，真是一個能說能行的大孝聖者，所謂：「大孝釋迦尊，累劫報親恩。」以下我暫引佛陀往昔一段為獼猴王救母的故事來說，藉知佛陀往昔作了獸類，還尚曉修其孝行。

如經云：「佛在舍衛國，告諸比丘言：我今欲往忉利天上，夏坐安居，為母說法，汝諸比丘，誰樂去者，當隨我去，作是語已，即往忉利天上，在一樹下，夏坐安居，為母摩耶及無量諸天說法，皆獲見諦，還閻浮提。諸比丘言：希有世尊，能爲其母，九十日中，住忉利天。佛言：非但今日，我過去時，亦曾爲母，拔苦惱事，時諸比丘，而白佛言：過去所爲，其事云何？佛言：往昔久遠，雪山之邊，有獼猴王，領五百獼猴，時一獵師，張網圍捕，獼猴王言：汝等今日，愼勿恐怖，我當爲汝破壞彼網，汝諸獼猴，悉隨我出，即時破網，皆得解脫，有一老獼猴，擔兒脚跌墮於深坑，獼猴王覓母，不知所在，見一深坑，往到邊看，見母在下，語諸獼猴，各自勵力，共我出母，時諸獼猴，互相捉尾，乃至坑下，挽母得出，離於苦難，況我今日，拔母苦難，爾時拔免深坑之難，今復拔母三惡道難。佛告諸比丘：拔濟父母，有大功德，我由拔母，世世無難，自致成佛，以是義故，諸比丘等，各應孝順供養父母。」

佛教的傳統，教化衆生，了脫生死，固屬本教的要旨，我們明白此身雖是幻軀，倘若不假父精母血構成，那有這個身軀做爲修道之器，所以，此身既屬父母所有，我們就應孝養父母，這才盡了兒子的責任，佛的孝行，的的確確可做爲我們最好的模範，現在目連是佛弟子，得佛法誨，以佛至孝之道，拳拳服膺，此可說是有其師，必有其徒，而佛家的孝，確有傳統性的，

至於孝的反面，就是不孝，當今世風不古的今日，要找一個真以行孝的人，真是少如鳳毛麟角，罵父打母，不孝之舉，充耳常聞，比比皆是，如佛經裏所說：「橫簪頭上，既與索婦，得他女子，父母轉疏，私房內室，共妻語樂，父母年高，氣力衰微，終朝至暮，不來借問，或復父孤母寡，獨守空房，猶如客人，寄止他舍，常無恩愛，或無襦被，寒凍苦辛，厄難遭之太甚，年老色衰，多饒蚤虱，夙夜不臥，長吟歎息，何罪宿愆，生此不孝之子，或時呼喚，瞋目驚怒，婦

兒罵詈，低頭含笑！」

現在像這種人，世上真是多得很，一個不孝的人，當然是沒有好的結果，天地間也決不容許這種人，下面我且引幾部經典可來證實不孝的人，應得之報，顯然是有的。

如經所說：「昔迦默國，鳩陀扇村中，有一老母，唯有一子，其子勃逆，不修仁孝，以瞋母故，舉手向母，適打一下，即日出行，遇逢於賊，斬其一臂，不孝之罪，尋即現報，苦痛如是，後地獄苦，不可稱計。」

「又有一婦，稟性佷戾，不順禮度，每有所爲，常與姑反，得姑瞋責，恆懷不分，瞋心轉盛，現欲殺姑，後作方計，教其夫主，自殺其母，其夫愚痴，即用婦語，便將其母，至曠野中，縛結手足，將欲加害，罪逆之甚，感徹上天，雲霧四合，為下霹靂，霹殺其兒，母即還家，其婦開門，謂是夫主，問言殺未？姑答已殺，至於明日，方知夫死，不孝之罪，現報如是，後入地獄，受苦無量！」

在雜寶藏經，又有一段故事，也是敘述吾佛往昔一段孝與逆。在冥冥中自有分曉判斷，而所得的罪福，是非常的明顯，如古人所說：「禍福無門，惟人自召，善惡之報，如影隨形。」經裡的故事，很有趣，自然是含有一番警告性，爲的是要使人們聽了，有所警惕，不可隨便妄爲，這樣，無論每一個人，對於生身父母是應該孝敬，絲毫不可忤逆，否則就成爲萬世不孝的罪人了。其故事如下：

「佛在王舍城，告諸比丘，於父母所，少作供養，獲福無量，少作不順，獲罪無量。

我於過去久遠世時，波羅柰國，有個長者子，名叫慈童女，其父早喪，家裡又貧，慈童女侍母極孝，日作勞力，割草賣薪，日得兩錢，奉養老母，因勤工作，日得四錢，以供於母，逐日增加，日得八錢，供養於母，為人忠實，人多信賴，獲利轉多，日得十六錢，奉給於母，衆人見其聰明，經營有方，便勸之言：「汝父在時，常入海取寶，汝今何不入海採寶？」

慈童女聞是言，而白於母：「我父在時，作何事業？」

母言：「你父在時，入海取寶。」

子言：「我父入海取寶，我今何故，不我入海取寶？」

母見其子，仁慈孝順，便戲言：「你也可去。」

慈童女一聽此言，認為他母親許可他去，便約諸同伴入海取寶。一日，向母辭行，母對其子道：「我唯有你一子，怎可放你入海取寶。」其母說着，便拒絕其子的請求入海。

子對母說道：「母若先不許，我就不作此擬想，已先徵得母同意，設令不去，便失諸同伴信約，寧可立信而死，不可無信而生。」

母看子意堅決，阻之也是無益，趨前抱子而哭，說道：「待我死後，才可得去。」

慈童女為不失信故，便推開其母，同時又拔出其母數十根髮，母恐兒得不孝罪，便放他去。」

以是慈童女和諸同伴入海取寶，行到半路，忽然刮起一陣大風，遂失諸伴，又不識路，見有一山，至山頂，遙見有城紺琉璃色，饑渴困乏，疾向城中，爾時城中，有四玉女，擎如意寶珠，作諸伎樂，而共來迎，慈童女帶着很奇怪的心情，便問四玉女道：「你們為何所事，而來迎接於我？」

四玉女笑着，齊聲答道：「君有好大的福氣，能得在此城中與我們姊妹共享四萬歲的快樂。」

慈童女就在這里住，和諸玉女同相取樂，但住了不久，便生厭離，遂捨她們而去，諸玉女感到無限遺憾，就帶着嬌瞋埋怨似地責備他道：「閻浮提人，真是反復無常，爲什麼這樣無緣無故就抛棄我們而去呢！」

慈童女不顧她們嬌瞋，又不沉戀她們色相，決意和她們告別，向前而行，見一座頗梨城，有八玉女擎八如意珠，也作伎樂，前來迎接，慈童女又覺得很奇怪，便問她們道：「你們爲什麼這樣客客氣氣來迎於我？」

八玉女嫣然地笑了，齊聲答道：「難得今日君臨，我們與君有八萬歲良緣，所以今日君到，就應欣然相迎。」

慈童女知道了這段因緣，不客氣就在這裏住，但住不久，也生厭離，也和她們告別，諸玉女在這時似乎也領略到閻浮提人實在是靠不住，也感到無限的惋惜，就讓慈童女告別。慈童女別後，向前而行，進一座白銀城，有十六玉女拏十六如意珠，欣然相迎，慈童女又覺奇異，便問她們道：「你們也是這樣興高采烈的來迎接于我，但我有何宿德，而受你們這樣厚禮相迎？」

十六玉女笑着，嬌聲一同答道：「君有好大福氣，堪受我們姊妹拱待十六萬歲，今日君到，我們姊妹就應特別相迎。」

這時慈童女自知有大福氣，但不知生平造何福德，而受此種艷福，以是慈童女就在這里住，接受她們慇懃款待，但住不久，舊態復燃，又生厭離，也和她們辭別，別時，諸玉女也感到戀戀不捨。慈童女又向前行，至一座黃金城，城中有三十二玉女，拏三十二如意珠，欣然來迎，慈童女這時又感到很奇怪，內心却作這樣想着：爲什麼我這一向以來，我居然而遇到這許多的艷遇呢？以是便啓口向她們質道：「諸位玉女：我今有何因緣，受到你們這樣厚禮相迎呢？」

三十二玉女欣然同聲答道：「這是君之宿福，我們與君有一段宿世因緣，所以我們應該這樣迎接，願君勿却，且受我們的歡迎吧。」

慈童女又是知道了這段因緣，便在這里住下，享受她們的艷福，三十二玉女又再告訴慈童女道：「我們與君有三十二萬歲因緣，君可安心住在這里，享受我們的快樂吧。」

慈童女住在這里，但住不多久，不知怎樣，又生厭離，想欲他去，便對諸玉女告辭，這時諸玉女狀似留戀，慨嘆萬端，便帶警告般的口吻挽留勸道：「君前後所住，均是艷境，受大快樂，恐君此去，就無樂境可言，以君不如在這長住，長期享受我們姊妹的福氣，此是吾等姊妹爲君之計，才出此之良言，以免君後日之悔呵！」

慈童女在這時，雄心蓬勃，滿想前面更有艷境可遇，就不理她們的勸告，毅然和她們辭別，向前而行，遙見一座鐵城，心生疑慮，獨自暗暗想道：外雖是鐵，內必有更好境界，以是不虞有他，向前漸進，到了城闕，一切情境，均是闃寂寂，並無玉女來迎，而此遭却就出他意外，他又自信城裡必有更好妙境，以是再進，不知不覺進入鐵城，而城門自動關閉，城裡火炎灼灼，熱不可近，慈童女張目一望，四處又是闃然無聲，並無一個玉女來迎，橫在他眼前的是一個面孔猙獰，頭戴火輪的鬼卒，慈童女看後，內心只感惴惴不安，已知此人非是善類，又知此間非是善處，顯然是一座牢獄，在這情境之下，真是把慈童女嚇壞了，慈童女擬欲退出城門，但城門緊緊關閉，已無去路，那個橫眉惡兇的獄卒，步步迫近慈童女身邊來，在靜寂間，烘然一聲震响，那個火輪忽然飛在慈童女頭上，把慈童女壓得怪聲怪叫，又痛又熱，苦不堪言，那個火輪像磁質般，任慈童女出盡全身之力，總不能把牠擺脫，這時慈童女才知身陷牢獄了，這種意想不到的突擊，真是使慈童女料也料不到，也使慈童女莫名其妙，這時慈童女爲要明白這種突擊的情形，所以不得不啓口問那個獄卒道：「獄哥：我戴此輪，何時可脫？」

獄卒答道：「世間有人，作其罪福，如汝所作，入海採寶，經歷諸城，時間久暫，然後當來代汝受罪，此鐵輪者，終不墮地。」

慈童女又問道：「我作何福，復作何罪？」

獄卒答道：「汝在閻浮提，日以二錢，供養於母，故得琉璃城，四如意珠，四玉女，四萬歲中，受其快樂。四錢供養母故，得頗梨城，八如意珠，八玉女等，八萬歲中，受諸快樂。八錢供養母故，得白銀城，十六如意珠，十六玉女，十六萬歲，受於快樂。十六錢供養母故，得黃金城，三十二如意珠，三十二玉女，三十二萬歲，受大快樂。以拔母髮之罪，今得戴此鐵火輪，不曾墮地，有人代汝，乃可得脫。」

慈童女又問道：「今此獄中，有人受罪和我相同否？」

獄卒答道：「百千無量，不可稱計。」

慈童女聞已，即作思惟：我因少意逆母，而拔母髮，致受此罪，況世人大逆不孝，所受之罪，當比這更重，慈童女想到這，不禁毛孔悚然，慈童女為救世人之故，便發誓願：「願我代為一切衆生受苦。」

慈童女發是願已，頭上鐵輪頓然墮落於地，這時慈童女便駁問獄卒道：「你說此輪，不曾墮地，于今為什麽會墮落於地呢？」

獄卒一聽此話，不但不與辯駁，像野蠻地又不與他講理，一股瞋忿心用鐵叉打慈童女頭，慈童女驟時命終，即生兜率天。

爾時慈童女，是什麽人？就是當今釋迦牟尼佛的前身。

佛告諸比丘：於父母所，少作不善，獲大苦報，少作供養，得福無量，當作是學，應勤盡心，奉養父母。」

佛說這段故事，實在是含有很大的教育性，我們生做一個人，世代相襲，應有義養，現在我們孝人，相信後人必來孝我，這是理所必然，若是擅行不孝，此不但失掉了做人的意義，而且辜負了父母一番撫養的苦心，慈烏尚有反哺之報，羊猶有跪乳之恩，設使我們對於父母不孝，真是不如此等禽畜之類，唐朝詩人白居易有首讚慈烏詩：「慈烏失慈母，啞啞吐哀音，晝夜不飛去，經年守故林，夜夜夜半啼，聞者非沾襟，聲中如告訴，未盡反哺心！百鳥豈無母，爾獨哀怨聲，應是母慈重，使爾悲不任！昔有吳起者，母歿喪不臨，嗟哉斯徒輩，其心不如禽！」我們要學一個高尚的人格，和一個譽爲有孝養的人，那麼我們就應向佛陀一方面學習，和目連尊者那種悲心救母的孝行看齊，這樣做人，才有意義，那麼這樣，這才不辜負父母一番苦養的心意呵。

丙三　尋觀處所

即以道眼，觀視世間。

目連父母亡時，目連尚未得道，故不知父母生於何處，現今目連得道，力可能追，故能尋覯。道眼，即天眼通，由以證道，故云道眼，此即能觀智。世間，是所生處，即所觀境。世，是遷流義，間，是間隔義，就是說世間形形色色的萬物，瞬息遷流萬變，各有間隔不同，故云世間。世間有二：就是衆生世間，器世間，衆生，是指六道一切有情，有知覺的靈性。器世間，是衆生所依止處，如十方無量世界，這些世界，猶如器般。

丙四得見母苦

見其亡母，生餓鬼中，不見飲食，皮骨連立。

現在目連不見其父，只見其母，這就證明父生樂處，因父生樂處，故不假施救，母生鬼道，已屬三途，復見饑餓，乃鬼中極苦的鬼，因此觸動目連的悲心，求佛施救，所以本經正宗分，皆由此發起。

生餓鬼道，是招感異熟果，若非諸大德之力，實不容易超拔，現在目連之母，墮於鬼道，好是其子，宿植德本，生逢佛世，稟性有非凡之孝，故能深感佛恩，教其盂蘭盆供，以救其母脫離餓鬼道苦。

餓鬼的報應，是飢餓，食不下，常不見飲食，積劫不聞漿水之名，伺求人間穢物，據瑜伽師地論說，餓鬼有三障：

「一，外障，謂此餓鬼，常受饑渴，皮肉血脉，皆悉枯槁，頭髮鬔亂，其面黯黑，唇口乾焦，常以其舌，自舐口面，慞惶馳走，處處求食，所到泉池，便見其水，變成膿血，自不欲飲，如是等鬼，由外障碍飲食，是名外障。二，內障，謂此餓鬼，咽如針，口如炬，其腹寬大，由此因緣，縱得飲食，不能噉飲，如是等鬼，由內障礙飲食，是名內障。三，無障，謂有餓鬼，名猛焰鬘，雖以飲食，無有障礙，然隨其所飲之物，皆被燒然，變成火炭，由此因緣，饑渴大苦，是名無障。」

經典所說，目連母親慳貪，不只一世二世慳貪，是多生多世慳貪，現在所受餓鬼道報，是酬引宿世業因故，經云：「定光佛時，目連名羅卜，母字青提，羅卜欲行，囑其母曰：若有客來，娘當具膳，去後客至，母乃不供，仍更詐為設食之筵，兒歸問曰：昨日客來，若為備擬？母曰：汝豈不見設食處耶？從爾已來，五百生中慳悋相續。」這樣，一世二世慳貪，罪已定論，況五百世慳貪，所以現在感餓鬼道報，罪是應得的。

可是現在一般人，對於人生的循環，往往看不透徹，人之來生，赤手而來，人之死去，赤手而去，何以慳財悋物，而善不爲？試問，雖有家資千萬，死後遺托何人？縱是子孫賢孝，尚有追思之念，解囊布施，做點功果，回向父母恩德，倘若子孫不孝不賢，貪淫縱色，不顧家聲恥辱，揮霍無度，結果，不但蕩家破產，惡聲四揚，猶使父母在九泉之下受辱，所以一個有高深遠識的人，決不這樣愚蠢，遺留許多金錢讓他兒孫猖獗花費，反而害了他後一代兒孫們，我們應該回顧，何不趁着自己活時，向人類以互助之精神，慷慨助人，做點公益事業，培養自己來生，這才有意義的事。不然的話，若爲子孫着想，堆金積玉，一毛不拔，結果，是害己害人！須知世上無常，父母兄弟，至親骨肉，一朝墮落，各不相代，到了那時，真是悔之莫及。現在目連母親因了慳貪，受斯惡道鬼報，這是顯然作爲我們一個最好的榜樣，至於佛經，引古述今，這是無非要使我們見到聞到有所警惕而已。

丙五為母悲救

目連悲哀，即以鉢盛飯，往餉其母。

悲哀，目連雖證法理，已破我執，以本來說，應無世間悲喜哀樂情緒，現在示現悲哀狀態，這是表現目連孝篤天真，所以一見隔生老母，縱是容顏如舊，也哀也泣，何況現在目覩老母皮骨連立，鬼形鬼狀，這樣安不使目連痛哭流淚，悲哀不已，反過來說，設使目連看了，無動於心，又無悲哀表現，那能表現目連內心的孝悃？所以目連的悲哀，這是人倫之常，也表孝篤之舉。

鉢飯往餉者，目連單以悲哀，也無濟於事，既是其母腹裡空虛，苦若倒懸，現在唯有救急辦法，只有先餉鉢飯，以解一時饑渴，藉延喘息命根，這才是臨急最好的辦法，故以鉢飯往餉。

丙六　惡習未忘

母得鉢飯，便以左手障鉢，右手摶食，食未入口，化成火炭，遂不得食。

這幾句，乃述其母惡習未忘，而不得食的劣緣。文分兩種解釋，上三句，正示惡習未忘，下三句，示出內障劣緣。

初中，母見鉢飯，因惡習深故，依然顯出舊時慳貪狀態，恐飯被人所奪，「便以左手障鉢，右手摶食。」這種舉動，是其惡習未忘，也可現出目連母親的慳貪程度，已到了極點。

次示出劣緣，目連母親既是這樣慳貪，縱是其子神得六通，道證四果，也不能解其惡緣，所以感受「食未入口，化成火炭，遂不得食」的惡果！這樣看來，目連母親所感的餓鬼道報，是屬內障餓鬼，此種劣緣，皆由心緣所變，非是外境所致。上來釋序分竟。

甲二正宗分，文分二：乙一目連悲陳，乙二如來廣示。

乙一目連悲陳

目連大叫，悲號涕泣，馳還白佛，具陳如此。

目連之母，既是這樣罪重，饑不可濟，苦不可拔，這難怪目連看了，悲號大叫，涕淚橫流，雖然，目連有傾山河之神變，轉日月之精能，盡其孝誠，終不能解救其母之苦，這時目連才知道力敵不過業力，由此着急，目連才把這事情奉告於佛，求佛解救。

乙二如來廣示，文分八段：丙一示母罪根深重，丙二直指孝子德薄，丙三呵斥邪外無力，丙四明其正法有能，丙五許以救濟方法，丙六示出正法超勝，丙七孝子轉悲為喜，丙八慈母頓脫鬼道。

丙一 示母罪根深重

佛言：汝母罪根深結！

由上目連請求，佛才說出本經救濟方法，正宗之法，由此開始，佛一開端，便不留一點情面，直責其母罪根深結，這話，雖然不甚漂緻，但佛所說，是有根據的。原因你母生前慳貪熾盛，惡習深固，已非一世二世，譬如一個病人，病若輕微，自然易治，一二藥劑，便可服愈，倘若病情危重，自非短時藥石見効，現在你母所患病症，實屬深沉危險，不易調治，已非簡單手續可能醫治，乃是應費相當的時日的。

罪根深結，把它分析來說，罪，是屬身口二業，根，是屬意業，因有不淨三業造出來的慳貪，就是罪根，三惡道皆由此罪根生長出來的。你母所造罪根，非是一生一世，乃是多生多世，已有五百世慳貪相續，所以稱爲深。你母罪根，旣是這樣深長，膠固難解，自非一般普通人所能解救，故稱爲結。佛略說這四字，可把目連母親的慳貪罪業，全部說得非常的貼切的。

丙二 直指孝子德薄

非汝一人，力所柰何！

此則責其子德薄，所以不能施救，像你目連這樣小根小器的人，怎能救你母親這樣深重的罪惡呵！須知你母慳時已久，事歷多人，你雖至孝，骨肉至親，也是莫可柰何的，老實說一句，現在要救你母，已非你目連個人的力量可能施救的，故云非汝一人，力所柰何！

丙三 呵斥邪外無力

汝雖孝順，聲動天地，邪魔外道道士，四天王神，亦不能柰何！

目連本身勤修四諦，已斷見思二惑，得六通，出三界，位登羅漢，已非凡品，又已俱這樣孝誠，尚且不能施救，何況那些凡外天魔的外道呢？故三藏云：「縱汝感天靈於上界，激地祇於下方，縱攝邪魔，橫羅外道，統六合以同家，總八部爲一衆，併其神力，亦不柰何！」天靈，即天將，如金剛密迹，散臘大將之類。地祇，如城隍土地諸鬼神。邪魔，如他化自在天，魔醯首羅天王，此等均是魔王天攝。外道，如印度九十六種外道。外道，心外取法，故名外道，如拔髮，自餓，投淵，持牛狗戒等外道。道士，如吾國道教之類，佛教初始傳入中國，國人呼僧爲道士。四天王神，即四方護國天王。

丙四　明其正法有能

當須十方衆僧威神之力，乃得解脫。

上面顯示神力，不能敵其業力，此反映佛教之力，正可能敵其業力，而且能施救，至於施救辨法，是靠「十方衆僧威神之力，」故三藏云：「一縷不能制象，必假多絲，一人不能除業，必資衆德。」

衆僧，梵語俱云僧伽，譯爲和合衆，所謂和合，含有六和之義，就是戒和同修，見和同解，身和同住，利和同均，口和無諍，意和同悅，此等出家人，俱此六德，堪爲人天眼目，足有力量可救，而使其解脫。

丙五　許以救濟方法

吾今當說救濟之法，令一切難，皆離憂苦。

吾今當說，正是許辭，救濟之法，正是許事。佛是三界導師，四生慈父，每說一法，其動機必是為令一切衆生離苦，故佛假目連之問，藉以發揚盂蘭盆供，人們能行此盂蘭盆供，便可遠離一切苦難。

丙六示出正法超勝分二，丁一示出獻供之法，丁二教導受供之儀。丁一示出獻供之法又分五，戊一擇定勝時，戊二發孝思心，戊三陳設妙供，戊四盛讚福田，戊五得獲勝益。

戊一擇定勝時

佛告目連：十方衆僧，七月十五日僧自恣時。

救濟方法，指定七月十五日，因這日子，是十方衆僧自恣日，又名解夏日，佛擇定這日子救濟，就是勝時。佛在世時，佛制諸比丘，由四月十五日至七月十五日，這九十日為結夏安居日，不許比丘遠行，應於所在地加緊用工，結夏安居竟，就可自恣，自恣有三日，十四十五十六，今舉中間十五日。自恣，自，即自己檢點，如發覺自己有過失，應對人陳露懺悔，不可覆藏。恣，恣他所舉，如有過失，應對僧衆懺悔，如云：「白大德長者，或見我過，或聞我罪，或疑我犯，恣任所舉哀愍語我，我當懺悔。」佛要比丘履行此自恣法，此是深恐當局者迷，必藉旁觀得失，以有這樣如法懺悔，縱不斷惑，也可滅罪增福，一切禪定解脫，便可由此奠立，以是此法，却成為每年間諸比丘應行的定法。

戊二　發孝思心

當為七世父母，及現在父母，厄難中者。

這是推廣孝思，就是七世父母也應超拔。七世父母，我們從無量劫來，何只這七世父母，而今略舉七世，這不過指在近數而說，事雖隔世疏遠，她們總有生我養我之恩，既有恩澤於我，理應酬答。

厄難中者，義通存歿，存則現生父母，或受沉痾，或受枷鎖。歿則如七世父母，或沉三途，受諸苦難，但願此等父母苦難，皆悉脫離。

戊三 陳設妙供

具飯百味五果，汲灌盆器，香油錠燭，牀敷臥具，盡世甘美，以著盆中，供養十方大德衆僧。

此乃示出供品物質。在供筵中，以飯為主食品，故云具飯，百味是為配合，百味，乃指大數而說，實非一定須要百味，五果，乃百味中之一少數，如桃李柰棗柿，此等皆是食品，為舌根所嘗。汲灌盆器，乃屬沐浴用具，如口壺面盆。牀敷臥具，乃屬睡眠用具，如蚊帳被席，此等皆是身根所覺。香油錠燭，此屬供品，香能聞薰，是鼻根所觸，香油塗身，是身根所觸，錠可焚化，燭可照亮，是眼根所見。盡世甘美，是世上珍貴食品，亦屬舌根所攝，這里所講盡世甘美，揀非葷酒之甘美，是指素食中之最甘美食品。

以著盆中一句，若以百味五果，著在盆中，這是可以，如用牀敷臥具著在盆中，絕無此理，此是譯經之訛，應云著在盂蘭盆供中，才是合理。

大德僧，是明已證果位的羅漢，德高望重，為衆領首，所以稱為大德，此等大德，律儀精嚴，為世福田，堪受人天供養。

戊四歎讚福田

當此之日，一切聖衆，或在山間禪定，或得四道果，或在樹下經行，或六通自在，教化聲聞緣覺，或十地菩薩大人，權現比丘，在大衆中，皆同一心，受鉢和羅飯，具清淨戒，聖衆之道，其德汪洋。

當此之日，即指七月十五日。一切聖衆，標出總名，山間，是幽靜地方，離諸城市憒鬧，修禪定人，應在這些地方修習，較易修證。禪定有二：一，世間禪，如色界無色界四禪八定。二，出世間禪，即三乘所修禪定，此中乃指出世間禪定。

或得四道果，即二乘所證果位，修有緩急，證有淺深，四道果，就是修證層次。初果須陀洹，譯爲入流，斷三界見惑，預入聖道之流。二果斯陀含，譯爲一來，於欲界九品思惑中斷前六品盡，後三品猶在，更須來欲界一番受生，故名一來。三果阿那含，譯爲不來，斷欲界後三品思惑盡，更不來欲界受生，故名不來。四果阿羅漢，譯爲無學，已斷見思二惑，越出三界，已證涅槃，無法可學，故名無學。

或在樹下經行，這是修行人禪餘散步，調節身體，正式修行，無論行住坐卧四威儀中皆可用工，故山間林下亦可修習。經行，算是修持人的一種調節身體的方法。

六通自在，教化聲聞緣覺者，在聖衆中，除了二乘外，還有三賢十地菩薩，這些菩薩已得六通自在，自有資格可教化聲聞緣覺。自在，就是不受一切束縛，名爲自在。菩薩的自在，有觀境自在，有作用自在，觀境自在，菩薩得了正照智慧，照了真如境，於真如境中，能通一切諸法，圓融自在，不被一切諸法所障，了了明明，於境無所掛碍，以無掛碍故，便得觀境自在。作用自在，就是菩薩既以正智照了真如境，於時從體起用，現身說法，教化衆生，隨心所欲，任運自在。菩薩以這照智，教化二乘，勸導二乘，回小向大，趣向佛果。

或十地菩薩大人，權現比丘者，菩薩，是總名稱，有權實大小之別，十地菩薩，位近佛隣，非是權小，所以稱爲菩薩大人，這些菩薩，隱大現小，權現比丘，是內秘菩薩行，外現比丘身，如觀世音菩薩權現三十二應，金粟如來權現居士身之類。

在大衆中，皆同一心者，聖衆之中，雖然位有大小，德有厚薄，他們在受供時，均攝禪定意，同發慚愧心，慈悲心，故云皆同一心。

受鉢和羅飯者，正明受盂蘭盆供，鉢，乃出家人盛飯之器，梵語鉢多羅，華方譯為應量器，乃僧用六物之一，發軫鈔云：「應法之器，謂體色量三者，皆須與法相應。體有二：泥及鐵，色，熏作黑赤色，或孔雀咽色，鴿色。量，大受三斗，小受斗斗，故名應量器。」

末三句，總讚其德，文意可知。謂此等聖衆，個個都是精持律儀，身俱淨戒，無有漏闕毀犯。口俱淨戒，凡有所說，無有虛妄。意俱淨戒，心念無邪，離諸欲染。如是三業清淨，堪受人天欽敬供養，所謂大聖度人，功唯在戒，故云聖衆其德汪洋。

戊五　得獲勝益

其有供養此等自恣僧者，現世父母六親眷屬，得出三塗之苦，應時解脫，衣食自然，若父母現在者，福樂百年，若七世父母生天，自在化生，入天光華。

文分兩段，前半段，明獲悲願而離苦，後半段，明獲慈願而得樂，樂中有存亡之異。

其有，是假設辭，若有人發心供養此等自恣僧，可使現生已亡父母以及六親眷屬，獲聖衆悲願力，得出三塗苦。現世，就是現今生我此身父母，非唯未亡名爲現世。而未亡父母，在後半段，明存亡獲益中說，意謂供養此等自恣僧，不獨已亡父母得益出離三塗，現今未亡父母也得聖衆之慈願力，享樂百年，以至七世父母也可得益生天，受諸天樂的，像這樣殊勝功行，既可益陰，也可益陽，是故我們應該供養此等自恣僧侶。

入天光華，是形容天人，有光明相，快樂相，天人有自然華光莊嚴等相。

丁二 教導受供之儀

時佛敕十方衆僧，皆先爲施主家咒願，願七世父母，行禪定意，然後受食，初受食時，先安在佛前塔寺中佛前，衆僧咒願竟，便受自食。

上一科，佛教施主家供養時，應如法供養。此一科，佛教十方聖衆也應如法受供，兩者如法，這才使施者獲益，受者無愧。文分兩段，首段俱三業清淨義，末段俱三寶義

首段，先爲施主家咒願者，是明口業清淨，受施者，應先爲施主

家念咒祝福，求其消災，使生者獲福，亡者超昇，此法，如同我國各大叢林庵院，僧人吃飯時，念供養咒一般，如僧人吃飯後，在結齋時所稱念云：「所謂布施者，必獲其利益，若爲樂故施，後必得安樂。」此四句，就是一種祝福詞。

行禪定意者，是明意業清淨，僧人在受供時，應入正念聚，或作警惕想，如想云：「施主一粒米，大如須彌山，若人不了道，披毛戴角還。」行者有了這種正念，或有戒懼之心，深恐虛消信施，能得這樣正觀心念，無諸雜染，已有這樣小心翼翼，就容易攝入正定。

然後受食者，是明身業清淨，口念咒，意入定，食時又是清淨食，如是三業清淨，這樣施者與受者，必定獲益無窮的。

末段，俱三寶義，先安在佛前塔寺中佛前一句，是明俱佛寶義，僧人在未食時，應先供佛，以代施主家求福，但這種也是崇敬法故。

衆僧咒願竟一句，是明俱法寶義，人以食供養我，我應以法施人，故食時應代施主家念經祝福。

便自受食一句，是明俱僧寶義，受食是僧，以如法受，如法食，僧人食時，應生慚愧心，不可著想，應想此食，乃是暫時資養色身，借此色身謀求道佛故，如佛經說：「衆生但以世間之食，資養色身，不當貪著，須求出世間之法食，增長菩提慧命。」

然而，在當今末法時期，僧人是佛教中的代表，佛法皆以僧人爲軸心，故僧人在佛教中是負有特別的任務，所以僧人在受施主家供養時，應當形表端正嚴肅，以表現佛法的崇高，以博取人家對佛教有着更深更好的印象，所以佛教的盛衰，實有關僧格的完整；我們一般僧伽對於這點，應該特別的留意的，否則，不但有損僧格，而且對於佛教的莊嚴有着甚大的關係。

丙七孝子轉悲爲喜

時目連比丘，及大菩薩衆，皆大歡喜，目連悲啼泣聲，釋然除滅。

目連已得佛開導指示，已知其母有解救的辦法，所以此時目連頓然轉悲為喜，這種情形，有如世上之監獄一般，獄官受賄，犯者不久當得解放，這是毫無疑義，故目連之喜，這是必然的事。

丙八慈母頓脫鬼道

時目連母，即於是日得脫一刧餓鬼之苦。

按此文，是譯經人的漏缺，因此時是佛對目連說其救濟方法，施供之事，應在別時，今說經次，就云其母脫離鬼道，這樣顯然是譯經的疎忽，應云：「爾時目連聞是法已，至七月十五日設施盆供，供自恣僧已，其母即於是日得脫一劫餓鬼之苦。」這樣文義才得暢達。

總之，佛法是不可思議的，尤其聖衆之力更是不可思議，以一餐之供，迅速就得如許的利益，故三藏云：「孝子旣獻供於此辰，慈母乃除殃於是日，大哉聖力，速疾如斯。」上來解釋正宗分竟。

甲三，流通分，文分三段，乙一獲益啓問，乙二如來稱讚，乙三正答所問。

乙一　獲益啓問

目連復白佛言：弟子所生母，得蒙三寶功德之力，衆僧威神之力故，若未來世，一切佛弟子，亦應奉盂蘭盆，救度現在父母，乃至七世父母，可爲爾不？

此下流通分，是將此法流通未來，目連此問，也是設供後之事，非同一席語。現在目連母既蒙三寶力，獲益生天，此法既是這樣大的功德，理應將此法流通後人，使未來衆生同沾斯益，目連此問，足可表現目連的心迹確爲利益後人，以是此舉，博得吾佛大加讚歎。

乙二　如來稱讚

佛言：大善，快問，我正欲說，汝今復問。

目連所問，適巧深契聖心，故佛讚云，大善快問。佛之本意，本欲說此盂蘭盆供，導人孝行，將此法作爲未來衆生行孝的跳板，除衆生苦的橋樑，現在佛正爲此事，擬將咐囑未來，適巧目連正爲此而問，故云我正欲說，汝今復問。

乙三正答所問，文分五段，丙一教行修供，丙二教發誓願，丙三教常發心，丙四教常奉持，丙五歡喜奉命。

丙一教行修供

善男子：若比丘比丘尼，國王太子大臣宰相，三公百官，萬民庶人行慈孝者，皆應先爲所生現在父母，過去七世父母，於七月十五日，佛歡喜日，以百味飲食安盂蘭盆中，施十方自恣僧。

上面所說，出家人要行孝道，在家人固屬也應行孝，上至國王，下至萬民百姓，父母乃是我們生身之本，我們既由父母養大，理應還報父母深恩，這才是天職，上面曾經說過，慈烏鸚鵡尚解思恩，況爲人倫，故人者，仁也，若非仁，豈爲人，孔子說：「用天之道，分地之利，謹身節用，以養父母，此庶人之孝也。」又云：「夫孝，德之本也，教之所由生也。」現今佛說盂蘭盆供，目的也是導人行孝，這樣，在事實上，儒釋之孝，殆有共同點，但所行的孝行，世間孝與出世間孝，有着不同而已。

三公百官，三公，據典所載：周之三公，即太師，太傅，太保。西漢以大司馬，大司徒，大司空。東漢以太尉，司徒，司空，稱爲三公。百官，是朝廷文武百官。

佛歡喜日、佛證一眞法界，覺體如如，本無悲喜可言，而今示現歡喜，須知我佛出世，本以度人爲懷，見人行善則喜，見人造惡則悲，于今比丘九旬加工用行，各證道果，了脫三界生死，不爲魔界所纏，他們既有這種功行，已是暢佛本懷，但這，安不使佛歡喜，所以此日，稱爲佛的歡喜日。

丙二　教發誓願

願使現在父母，壽命百年無病，無一切苦惱之患，乃至七世父母，離餓鬼苦，生人天中，福樂無極。

現在這本盂蘭盆經，乃是隸屬人天教，故經中佛所教人發願，僅限人天之願，是故願使父母常無病惱，壽命百年，乃至七世父母，離餓鬼道，上生天界，得無量福樂，我們既有是願，願必隨心所成，我們要報答父母恩，就應常時發下如此之願。發願，乃是表現每個人的心志，如果心志堅決，將來必有所獲，如果心志不健全，又有猶豫不決心理，結果此人決是不能完成大器的，這是自然之理，故每一個人道業成與不成，便可看他所發的心願，是否堅決與不堅決，所以佛教一般人發願，就是勉勵人無論做了一件什麽事，應有一種永恆堅決的志想心願，有了這種的志想心願，那麽這人才能完成其大業的。

丙三　教常發心

是佛弟子修孝順者，應念念中常憶父母，乃至七世父母，年年七月十五日，常以慈孝，

憶所生父母，爲作盂蘭盆，施佛及僧，以報父母長養慈愛之恩。

一個修孝順的佛子們，應時常憶念父母恩惠，不可須臾忘，孔夫子說：「天地之性，惟人爲貴，人之行莫大於孝。」又云：「孝子之事親也，居則致其敬，養則致其樂，病則致其憂，喪則致其哀，祭則致其嚴，五者備矣，然後能事親。」儒家孝順，尚且如斯講究，這何況我們學佛的佛教徒們？所以，我們一般學佛的弟子們，是應年年七月十五日作盂蘭盆供，以報父母長養慈愛之恩。

丙四　教常奉持

若一切佛弟子，應當奉持是法。

這是說每個佛弟子，年間七月十五日，是應這樣如法奉持的，這才不負吾佛此番的教導，又不負目連此番爲己爲人的啓問，凡有血性的佛子們，那麽應當秉承奉持此法的。

丙五 歡喜奉行

時目連比丘，四輩弟子，歡喜奉行。

此是總結一經。四輩，即佛四衆弟子，出家二衆，在家二衆，或云人天龍鬼。現在四衆弟子，聽佛這樣的說，大家都欽崇吾佛的教導，個個都表現衷心歡喜奉行的，然這種的收穫，真不虧吾佛這番苦口婆心，此外又可表現吾佛說法，非同凡响，既說經已，會場就有這許多獲益，蒙益而去實踐的。

代跋

現在我講這本經，從頭至尾，在經中所闡意義，都不離一個孝字，是故我希望在座善信聽後，年年七月十五日，應作盂蘭盆供，報報父母恩，這才不虧我們是個佛子，佛說這本經，確是針對未來的現實，對人道方面，是有莫大的裨益，假使一個人能照佛這樣的孝道推行，相信這人就算是一個賢善慈孝的人，那麼這個世界就減了一個造惡者，世界上互相殘殺的刼運，就可由此逐漸減少，所以我希望在座聽者各人應宜自勉，庶幾既倒的狂瀾才可挽住，佛的正法才得永恒高高地永樹於橫流惡濁之中。

現在這本講解，得蒙佛弟子陳游子發心出資印行，推廣流通，將此功德，酬報令尊教養恩德，及紀念令尊西歸三週年，祈求令尊迅登佛剎，覲見彌陀，上品上生，爲諸佛菩薩永遠的伴侶，同時幷將此印行功德，回向十方法界，情與無情，同圓種智。

純果又識

另：轉通大師資助泰幣弍佰銖，特此附謝。

盂蘭盆供儀規

雲棲法彙正訛集云

世人以七月十五日施鬼神食。爲盂蘭大齋之會。此訛也。蘭盆緣起目連。謂七月十五日衆僧解夏自恣。九旬參學。多得道者。此日修供。其福百倍。非施鬼神食也。施食自緣起阿難。不限七月十五日。所用之器。是摩竭國斛。亦非蘭盆。蓋一則上奉聖賢。一則下濟餓鬼。悲敬異田。惡可等混。

盂蘭盆供儀規目錄

鍵椎說明

◎ 單大磬　　• 單引磬

⊙ 大磬與引磬同敲　　▽ 將大磬押住

╲ 將引磬押住　　∩ 大鐘

一 鐺子　　○ 魚鼓鈴同

符號註在字之左邊者。係表第三遍。或最後一遍。小號字（五號）係說明。中號字（四號）係維那師一人說白。大號字（三號）係禮懺者大衆同唱誦者。

盂蘭盆供儀規

（一）儀式

凡設供此會者。或七日或五日三日一日。於前數日置辦鮮菓。凡有時新。俱宜備齊。預日大衆沐浴。洒掃壇場。及灌盆器裝就菓品百有餘盤。並備紙扎齋供等件。不得草草了事。又擇清潔處門外掛「投物所」牌。方丈所有長物。盡情投入。衣鉢照單點清交付執事。大衆所有施物。亦卽投入。臨日早晨。懸掛旛蓋。舖設裝嚴。壇前懸匾云「盂蘭盆會」四大字或「蘭盆勝會」或「盂蘭普度」。兩傍掛對云。「供獻三尊七世親恩從此報。功圓九夏十方檀護悉皆酬。」或「續迦文懸命人人盡達親恩。　體采菽嘉會在在廣行孝道。」或「屆中元令節而羣羅百味。　當衆僧自恣而上供三尊。」或「現在父母康甯百年俱慶。　已往椿萱福德九品高升。」

其供壇、或丹墀、或大殿、或法堂、擇其闊淨者爲之。第一層中間方桌。供一大錫鉢盂飯。左右長桌並列菓品各十餘盤。下四層擺菓盤。皆如上式。第二層中間供盂蘭盆。如世間以鼎爲重器。出世以鉢爲物器。但一鉢難容衆饌。故如鉢式造一大盆以經彰名。表法殊勝。盆內旋疊蔬菜四十九桶。亦不得菲淺。須甘美豐盈。所謂供佛如山也。第三層中間方桌。供一大碗淨水。碗內浸鮮花。第四層中間方桌。供一大瓶荷花。第五層中間方桌供設香案。邊傍左右。另擺一條桌。放自恣僧佛門外兩傍掛「盥沐所」牌。置水一盆。掛新手巾一條。以便盥掌。中間掛禁牌云。「此係清淨供壇。恭迎三寶天神降臨之所。各宜誠敬。凡飮酒吃葷者莫入」時至。鳴鐘三下。大衆各搭衣持具赴會。衆齊集已。鳴引磬。迎和尙至壇。拈香結界。但此供費用極大。須量力爲之。不必勉强。然誠敬之心。決不可少。其各勉旃。

(二)淨壇

大衆聽鳴鐘三下。至大殿。分東西兩序立定。僧值招呼一齊向上。齋已。悅衆師鳴引磬。大衆禮佛三拜。不接堂鼓。維那師看主法到殿。鳴磬三下。悅衆師起鼓鈸三陣。主法禮佛三拜。畢。維那師捺磬舉讚。主法拈香禮拜。

(1)唱讚

目連啓教世尊宣

揚鉢和羅飯利存

亡脫苦往西方
妙樂無疆
孝行永流芳南無香雲
蓋菩薩摩訶摩訶薩
南無香雲蓋菩薩摩
訶摩訶薩南無香雲蓋菩

薩○一一摩○◎一一訶○一摩○一訶○一○薩（煞鼓鈸一陣）

（2）稱聖號

南無大◎悲觀世音菩薩◎（三稱）

（3）主法執水盂說水文

菩薩柳頭甘露水　能令一滴遍十方

腥羶垢穢盡蠲除　加持壇場悉清淨

維那師捺磬。悅衆鳴魚。維那師舉

敎有密言謹當持誦

大衆同念大悲咒三遍。主法洒淨三匝。歸位。

（4）大悲咒

南無喝囉怛那哆囉夜耶。南無阿唎耶。婆盧羯帝爍鉢囉耶。菩提薩埵婆耶。摩訶薩埵婆耶。摩訶迦盧尼迦耶。唵。薩皤囉罰曳。數怛那怛寫。南

無悉吉嘌埵伊蒙阿唎耶。婆盧吉帝室佛囉楞
馱婆。南無那囉謹墀。醯唎摩訶皤哆沙咩。薩婆
阿他豆輸朋。阿逝孕。薩婆薩哆那摩婆薩多。那
摩婆伽。摩罰特豆。怛姪他。唵●阿婆盧醯。盧迦帝。
迦羅帝。夷醯唎。摩訶菩提薩埵。薩婆薩婆。摩羅
摩羅。摩醯摩醯唎馱孕。俱盧俱盧羯蒙。度盧度
盧罰闍耶帝。摩訶罰闍耶帝。陀囉陀囉。地唎尼。

室佛囉耶。遮囉遮囉。麼麼罰摩囉。穆帝隸。伊醯
伊醯。室那室那。阿囉嵾佛囉舍利。罰娑罰嵾。佛
囉舍耶。呼盧呼盧摩囉。呼盧呼盧醯利。娑囉娑
囉。悉唎悉唎。蘇嚧蘇嚧。菩提夜菩提夜。菩馱夜
菩馱夜。彌帝利夜。那囉謹墀。地利瑟尼那。婆夜
摩那。娑婆訶。悉陀夜。娑婆訶。摩訶悉陀夜。娑婆
訶。悉陀喻藝。室皤囉耶。娑婆訶。那囉謹墀。娑婆

訶。摩囉那囉。娑婆訶。悉囉僧阿穆佉耶。娑婆訶。娑婆摩訶阿悉陀夜。娑婆訶。者吉囉阿悉陀夜。娑婆訶。波陀摩羯悉哆夜。娑婆訶。那囉謹墀皤伽囉耶。娑婆訶。摩婆利勝羯囉夜娑婆訶。南無喝囉怛那哆囉夜耶。南無阿唎耶。婆嚧吉帝。爍皤囉夜。娑婆訶。唵。悉殿都漫多囉跋陁耶。娑婆訶。

至第三遍畢。維那師鳴大磬一下。大衆一齊向上胡跪。

（5）再稱聖號

南無盂蘭會上佛菩薩（三稱）

（6）誦經咒

佛說盂蘭盆經

聞如是。一時佛在舍衛國。祇樹給孤獨園。大目犍連。始得六通。欲度父母。報乳哺之恩。即以道眼觀視世間。見其亡母。生餓鬼中。不見飲食。皮骨連立。目連悲哀。即以鉢盛飯。往餉其母。母得鉢飯。便以左手障鉢。右手摶食。食未入口。化成火炭。遂不得食。目連大叫。悲號涕泣。馳還白佛。具陳如此。佛言。汝母罪根深結。非汝一人力所奈何。汝雖孝順。聲動天地。天神地祇。邪魔外道道士。四天王神。亦不能奈何。當須十方衆僧威神之力。乃得解脫。吾今當說救濟之法。令一切難。皆離憂苦。佛告目連。十方衆僧。七月十五日。僧自恣時。當爲七世父母。及現在父母。厄難中者。具飯百味五果。汲灌盆器。香油錠燭。牀敷臥具。盡世甘美。以著盆中。供養十方大德衆僧。當此之日。一切聖衆。或在山間禪定。或得四道果。或在樹下經行。或六通自在。教化聲聞緣覺。或十地菩薩大人。權現比丘。在大衆中。皆同一心。受鉢和羅飯。具清淨戒。聖衆之道。其德汪洋。其有供養此等自恣僧者。現世父母。六親眷屬。得出三途之苦。應時解脫。衣食自然。若父母現在者。福樂百年。若七世父母。生天自在。化生入天華光。時佛勅十方衆僧。皆先爲施主家。咒願。願七世父母。行禪定意。然後受食。初受食時。先安

在佛前。塔寺中佛前。衆僧咒願竟。便自受食。時
目連比丘及大菩薩衆。皆大歡喜。目連悲啼泣
聲。釋然除滅。時目連母。卽於是日得脫一切餓
鬼之苦。目連復白佛言。弟子所生母得蒙三寶
功德之力。衆僧威神之力故。若未來世一切佛
弟子。亦應奉盂蘭盆救度現在父母乃至七世
父母。爲可爾否。佛言。大善。快問。我正欲說。汝今

復問。善男子。若比丘。比丘尼。國王。太子。大臣。宰相。三公百官。萬民庶人。行慈孝者。皆應先爲。所生現在父母。過去七世父母。於七月十五日。佛歡喜日。僧自恣日。以百味飲食。安盂蘭盆中。施十方自恣僧。願使現在父母。壽命百年無病。無一切苦惱之患。乃至七世父母。離餓鬼苦。生人天中。福樂無極。是佛弟子修孝順者。應念念中常憶父母。乃至七世父母。年年七月十五日。常以孝慈憶所生父母。爲作盂蘭盆。施佛及僧。以報父母長養慈愛之恩。若一切佛弟子。應當奉持是法。時目連比丘。四輩弟子。歡喜奉行

接誦報父母恩咒（世間有生無不從父母而得能誦此咒及能慎終追遠恩無不報）四十九遍

南無密栗多哆婆曳娑訶

（7）祝辭

咒誦畢。悅衆師煞鼓鈸一陣。主法作梵起白

我等同孝志　脩行淨土因　懺除三障罪
報答二親恩　存者獲福壽　亡者得超昇
同生安養國　度盡衆怨親

（8）禮佛

主法曰已。衆師煞鼓鈸一陣。維那師鳴大磬一下。大衆一齊起立。合。掌維那舉

一心頂禮　本師釋迦牟尼世尊（十二拜）

一心頂禮　文殊師利菩薩摩訶薩（三拜）

一心頂禮　彌勒菩薩摩訶薩（三拜）

一心頂禮　十方法界諸佛（三拜）

一心頂禮　十方菩薩摩訶薩（三拜）

一心頂禮　蘭盆啓教大目犍連尊者（三拜）

（9）三皈依

自皈依佛　當願衆生　體解大道

發無上心

自皈依法　當願衆生　深入經藏

智慧如海
自皈依僧　當願衆生　統理大衆
一切無礙　和南聖衆
三皈依畢各人回寮休息片時

（三）上蘭盆供

鳴鐘三下。衆再入壇禮佛三拜。起鼓鈸三陣。

（1）唱讚

蘭盆會啓普度門

開恭迎三寶降臨

來一一坐華臺

唯願慈哀
受我妙香齋南無齋供
養菩薩摩訶摩訶薩
南無齋供養菩薩摩
訶摩訶薩南無齋供養菩
薩摩訶摩訶薩（鈸鼓鈸一陣）

（2）主法白辭

主法拈香展具三拜。長跪合掌。作梵起白

恭聞法身常寂本無去以無來。妙智圓融。實非空而非色。靈明絕待。覺海難量。俯潤迷蒙。時彰影響。今屬如來歡喜。僧衆自恣。當為七世父母。施設百味蘭盆。儀遵充國。孝效目連。黍稷唯馨。覺王斯格。願降慈光。受我供養。

白已。煞鼓鈸一陣。

（3）獻供

主法起立執爐。呼第一遍云

三身如來衆和第二遍再同和奉獻蘭盆上供三寶

（4）供佛

呼已煞鼓鈸一陣畢。大衆對面站立。候主法獻供齊已。再轉身向上立定。主法執爐作梵起白請詞。維那師和第二遍大雄出世。同赴齋於舍衛城中。正法流行。共應供於匿王宮內。既隨機而現相。亦普濟於羣生。

今辰衆等。謹設蘭盆。志心頂禮。專申奉獻。

千華臺上。百寶光中。三十二相之能仁。八十種好之大覺。盡十方遍法界過現未來無量佛寶。（衆和）唯願不捨慈悲。哀愍有情。是日今時。受斯供養。（白已煞鼓鈸一陣）

三白。三拜。次舉供佛偈。鳴鐘鼓鐺鈸齊唱。

南。無。——蓮。座。——天。——人。——師。。——

威。德。——端。嚴。——無。——與。——等。。——

唯。願。——佛。寶——大。——慈。——悲。。——

受。此。——盂。蘭。——盆。——供。養。。——

南。無。——香。水。——海。華。——藏。——界。。——

蘭。盆。供。獻。眞。如。佛。陀。耶。（煞鼓斂一陣）

（5）供法

衆唱竟。維那執爐高聲作梵起白主法和第二遍。

今辰衆等。謹設蘭盆。志心頂禮。專爲奉獻西乾竺國。日馬馱來。修多羅了義上乘。十二部眞空妙典。盡十方徧法界過現未來無量法寶。衆和　唯願

不捨慈悲。哀愍有情。是日今時。受斯供養。（白已

煞鼓鈸一陣）

三白三拜。次舉供法偈。仍鳴鼓鈸等唱。

南。無。相。應。最。勝。法。

成。就。菩。提。涅。槃。果。

唯。願。法。寶。大。慈。悲。

受。此。盂。蘭。盆。供。養。
南無。香。水。海。華。藏。界。
蘭。盆。供。獻。海。藏。達。摩。
耶。（煞鼓鈸一陣）

（6）供僧

衆唱。竟主法執爐高聲作梵起白。

今辰衆等。謹設蘭盆。志心頂禮。專爲奉獻
三明八解。五果六通。分身於此界他方。應供於人間
天上。盡十方遍法界過現未來無量僧寶。（衆和）唯願
不捨慈悲。哀愍有情。是日今時。受斯供養。（白已
煞鼓鈸一陣）
三白三拜。次舉供僧偈。仍鳴鼓鈸唱。
南。無。自。在。衆。中。尊。

栴。檀。林。內。澄。心。者。

唯。願。僧。寶。大。慈。悲。

受。此。盂。蘭。盆。供。養。

南。無。香。水。海。華。藏。界。

蘭。盆。供。獻。福。田。僧。伽。

耶。（煞鼓鈸一陣）

（四）佛前上供

（1）唱讚

爐香乍爇法界蒙
熏諸佛海會悉遙
聞隨處結祥雲
誠意方殷

諸佛現全身南無香雲蓋菩薩摩訶摩訶薩

南無香雲蓋菩薩摩訶摩訶薩

南無香雲蓋菩薩摩訶摩訶薩（煞鼓鈸一陣）

（2）稱佛號

南無盂蘭會上佛菩薩（三稱）

南無常住十方佛

南無常住十方法

南無常住十方僧

南無本師釋迦牟尼佛

南無藥師琉璃光佛

南無過去覺華定自在王佛

南無清淨蓮花目佛

南無多寶如來

南無寶勝如來

南無妙色身如來

南無廣博身如來

南無離怖畏如來
南無甘露王如來
南無阿彌陀如來
南無世間廣大威德自在光明如來
南無佛說盂蘭盆經
南無大慈地藏王菩薩

南無大悲觀世音菩薩

南無大勢至菩薩

南無護法諸天菩薩

南無伽藍聖衆菩薩

南無歷代祖師菩薩

南無古往自恣緣覺聲聞僧

南無大孝目犍連尊者

南無三界聖凡幽顯尊神

（南無十方佛至此三遍）

（3）變食眞言

曩謨薩縛怛他誐多　縛嚧枳帝　唵　三跋

囉　三跋囉　吽（二十一遍）

（4）甘露水眞言

曩謨蘇嚕婆耶　怛他誐多耶　怛姪他　唵
蘇嚕　蘇嚕　鉢囉蘇嚕　鉢囉蘇嚕　娑婆
訶（七遍）

此食色香味　上供十方佛　中奉諸賢聖
下及六道品　等施無差別　隨願皆飽滿

令今施者得　無量波羅蜜　三德六味　供佛及僧　法界有情　普同供養（一遍）

（5）普供養眞言

唵　誐誐曩　三婆縛　伐（音縛于）日囉斛（七遍）

維那至中。三拈香。展具三拜。問訊。長跪合掌。用鐘鼓齊聲念。

（五）通疏

南無十方常住三寶

三稱畢。維那宣疏。時主者與大眾俱長跪。合掌。

伏以誦世典蓼莪之章。難罄情於罔極。參聖教蘭盆之旨。敢竭念於熏脩望度慈航爰伸誠悃。（鄉貫寺名住持等名）眾等。切念早割塵緣。長辭親愛。或嚴慈而早喪。頓乏嘗。蒸或星鬢而在堂。永違菽水。無自利利他之行。尚空受於人施。有仰愧俯怍之情。敢置懷於源本。生身既托於親恩。訓敎無逾於師德。本始無窮。不遺累劫之宗緒。圓心普渡。總超法界之有情。爰披瀝於丹衷。汲水採花而獻供。敬皈依於寶帙。亙天彌地以流恩。盡拔苦輪。咸躋覺道。由是擇於本月某日起至某日告圓。雲集海衆。登臨寶殿。諷某經禮某懺。（或大衆發心各有持誦一二齋登）伏願慈光輝映。娑婆無處不圓明。法海汪洋。大地有情俱潤澤。我等多生父母。歷劫親姻。及以師。長並諸眷屬。存者加增福慧。歿者高證蓮胎。普滋一善之良緣。均利恆沙之苦趣。更冀三門寧靜。海衆安和。凡所止作。願皆如意。右疏恭請三寶證明。云云

若會中有俗姓士女當更宜俗人所祈之疏云

伏以敎演盂蘭。舍衛之芳猷未散。功超天壤。目連之孝行常稱。欲賫七世於蓮胎。當禮三身於華座。(鄉貫寺名)(在會士女等名)衆等。切念唱一味之圓音。隨刹土隨衆生。盡

入平等嘉會。演千秋之孝旨。或善男或信女。咸遵舍衛遺風。仰悲濟之宏猷。救倒懸之極苦。是以於本月某日。恭遇某處崇建蘭盆勝會。普超恩有含生 某等 深追罔極。少答善因。躬叩法筵。仰求慈濟。由是各備香儀。薄陳芹供。仗苾芻之威德。仰三寶之恩光。超度先靈。福資現在。（所有各各念誦皆當一一具錄）伏願眞慈。赴感聖人隨機。一雨普滋。大千蒙潤。俾我等多生父母歷世親緣。同承冥福之資。俱解三途之苦。歿世證生天之樂。
在堂稱難老之春。五福日新。三災電捲。凡所祈求。願
皆果遂。右疏。云云。

宣畢一齊起立唱讚

五　果－－○百－－－○◎味－－○香－香－－○清－
－新○－－○－－○自－－恣○會－－上○獻－－○能

仁 願親出沈淪
普濟幽冥
沙界布陽春南無普供
養 菩薩摩訶 摩訶薩
南無普供養 菩薩摩
訶 摩訶薩 南無普供養菩

薩○一一○◎一一○一○摩一○一○
薩摩訶摩訶薩

若此會七日或五日三日者。此疏待回向時化。若但設供齋而不念誦作會者。此疏即時化。大衆念佛送疏。主者三奠茶。設維那舉迴向云。

（六）迴向

以此蘭盆供善根　報答父母劬勞恩
存者福樂壽無疆　亡者離苦得超昇
四生九有諸含識　八難三途苦衆生
各各悔過洗瑕疵　盡蒙慈濟出沉淪

念偈時主者禮佛三拜。問訊。偈畢。衆各回本處。

（七）衆僧受食

上供竟。執事人將蘭盆蔬菜及供飯。勻入大衆飯菜內。其供會果品食物及自恣僧物。不論客舊。平等普分於齋堂。事俱齊備。已開午梆。鳴大鐘三下。主者及大衆搭衣持鉢至齋堂坐齋。鳴雲板舉供養咒至普同供養句。即改念

過去父母　七世超昇　現在二親　永無病惱　自他饒益　存歿沾恩　永離惡道　究竟常樂

念畢。出生。不唱五觀。主者云。

大衆先行禪定意。然後受食。

大衆入觀。觀自心內外中間。皆不可得。默坐少時。俟開靜。後主者白云。

大衆師先用供果。大衆受食。畢維那結齋。已僧值云。

大衆所食供果及自恣物。各自藏鉢。或置袖內。衆齊起立。次第回堂。

附 供位式

南無蘭盆會主釋迦牟尼佛及十方三世一切諸佛寶座

南無世間廣大威德自在光明如來寶座

南無過去覺華定自在王佛清淨蓮花目佛等寶座

南無佛說盂蘭盆經及地藏菩薩本願經等寶座

南無大小二乘經律論藏及十方三世一切尊法寶

座

南無蘭盆會上啓敎大士目犍連尊者寶座

南無十方三世一切緣覺聲聞諸自恣僧蓮座

南無過去光目童女菩薩現在地藏菩薩摩訶薩蓮

座

南無蘭盆會上諸大菩薩及一切菩薩摩訶薩蓮座

原夫人世福田，莫尚乎三寶。出世道法，莫先乎孝慈。欲報深恩，莫要乎與拔。欲成濟渡，莫大乎盂蘭。是以目連道滿，首思乳哺之恩。大聖垂慈，廣示法供之式。時必擇夫自恣，德乃藉乎眾僧。僧寶所存，法輪斯在。法輪轉處，佛常現前。舉一即三，最勝無比。圓音一唱，慈親已脫于苦輪。錫類重沓，芳規永貽于緇素。誰無父母，如何弗思。況復垂訓殷勤，敎令念念常憶。自非觀心起行，焉能事理雙彰。一字法門，非侮墨之所罄，四輩齊奉，豈淺近之津梁。……

——佛說盂蘭盆經、蕅益大師新疏——

國家圖書館出版品預行編目資料

佛說盂蘭盆經講解 / 純果法師解說. -- 初版. -- 新北市：華夏出版有限公司, 2023.02
面； 公分. -- （圓明書房；002）
ISBN 978-626-7134-64-1（平裝）
1.CST：經集部

221.762 111017387

圓明書房 002
佛說盂蘭盆經講解

解　說　純果法師
印　刷　百通科技股份有限公司
電話：02-86926066 傳真：02-86926016
出　版　華夏出版有限公司
220 新北市板橋區縣民大道 3 段 93 巷 30 弄 25 號 1 樓
電話：02-32343788 傳真：02-22234544
E-mail：pftwsdom@ms7.hinet.net
總 經 銷　貿騰發賣股份有限公司
新北市 235 中和區立德街 136 號 6 樓
電話：02-82275988 傳真：02-82275989
網址：www.namode.com
版　次　2023 年 2 月初版—刷
特　價　新臺幣 280 元（缺頁或破損的書，請寄回更換）

ISBN-13：978-626-7134-64-1

《佛說盂蘭盆經講解》由佛教出版社同意華夏出版有限公司出版繁體字版